Viel Spaß in der Welt
der IKT Frauen!

Barbara [illegible]

ISBN 978-3-901485-97-8

Grafische Gestaltung und Satz: Thomas Lehmann
Alle Fotos, falls nicht anders ausgewiesen: Thomas Lehmann
Druck: Gutenberg Druck GmbH, A-2700 Wiener Neustadt

edition rot

Barbara Novak, Karoline Simonitsch (Hg.)

Frauen im Netzwerk der IKT

Wie erfolgreiche Frauen die Männerdomäne Informations- und Kommunikationstechnologie bereichern und verändern.

Inhaltsverzeichnis

Frauen im Netzwerk der IKT

Doris Bures
Bundesministerin für Verkehr Innovation und Technologie

Foto: Peter Rigaud

Die Gesellschaft benötigt gut ausgebildete Arbeitskräfte. So viel steht fest. Auf der anderen Seite ist es aber auch ein Faktum, dass das Arbeitskräftepotenzial der Frauen nicht voll ausgeschöpft wird. Ich bin überzeugt, dass innovative Gesellschaften nicht auf die Hälfte des Know Hows, der Kreativität und der Ideen verzichten können, sondern das gesamte Arbeitskräftepotenzial nützen müssen. Das heißt: Innovative Gesellschaften brauchen Chancengleichheit und echte Gleichstellung am Arbeitsplatz.

Das vorliegende Buch „Frauen im Netzwerk der IKT" nähert sich diesem gesellschaftspolitisch wichtigen Thema auf ganz besondere Weise: Interviews mit erfolgreichen Managerinnen, Unternehmerinnen und Expertinnen aus dem Bereich der Informations- und Kommunikationswirtschaft geben einen wertvollen Einblick in die unterschiedlichen Verläufe weiblicher Berufskarrieren und -biographien.

Frauen sind in vielen Berufssparten, insbesondere im technischen und im IKT-Bereich, nach wie vor unterrepräsentiert. Ziel muss es daher sein, Frauen ebenso wie Männer in ihrer Kreativität, ihrem Engagement und ihrem Fachwissen zu stärken, um auf die großen Herausforderungen unserer Zeit die besten Antworten zu finden und somit das Innovationssystem in Österreich auszubauen. Die Politik hat dabei eine ganz entscheidende Rolle: Ihre Aufgabe ist es, Chancengleichheit in Beruf und Gesellschaft zu stärken, strukturelle Veränderungen herbeizuführen und letztendlich auch „Role Models" aufzuzeigen.

Im Artikel 7 der österreichischen Bundesverfassung heißt es: „Alle Bundesbürger sind vor dem Gesetz gleich. Vorrechte der Geburt, des Geschlechtes, des Standes, der Klasse und des Bekenntnisses sind ausgeschlossen [...]." Absatz 2 hält fest: „Bund, Länder und Gemeinden bekennen sich zur tatsächlichen Gleichstellung von Mann und Frau." Die Gleichstellung von Frauen und Männern ist somit ganz klar ein gesellschaftspolitischer Auftrag, aus dem sich für die Politik eine große Verantwortung ergibt: Es gilt, wirksame Maßnahmen zur Gleichberechtigung von Frauen und Männern in allen Lebensbereichen, vor allem auf dem Arbeitsmarkt, zu entwickeln, die Vereinbarkeit von Beruf und Familie zu fördern, Chancengleichheit von Frauen aktiv mitzugestalten und sie dazu zu ermutigen, auch verstärkt in männlich dominierten Berufsfeldern Fuß zu fassen.

Es gibt noch viel zu tun: Der Ende Mai 2010 erschienene Frauenbericht zeigt, dass Frauen zwar immer besser ausgebildet sind, jedoch weiterhin deutlich geringere Einkommen haben als Männer. Der Anteil der Frauen, die in den Bereichen Forschung & Entwicklung und IKT beschäftigt sind, ist – trotz beachtlicher Erfolge in den letzten Jahren – nach wie vor noch zu gering, die Frauenquote in Führungspositionen muss ebenfalls deutlich angehoben werden. So gibt der Woman and ICT Status Report 2009 an, dass bei etwa 66 Prozent der Telekom Unternehmen in Österreich keine Frau im Vorstand vertreten ist.

Der IT-Sektor ist eine weltweit wachsende Branche. EU-weit entfallen auf den IKT-Bereich etwa 5 Prozent des BIP und 4 Prozent des Beschäftigungsanteils mit insgesamt überdurchschnittlichen Entlohnungsmöglichkeiten. Trotz Rückschlägen in der Wirtschaftskrise hält das Wachstum des Sektors an. Im Gegensatz zu vielen anderen Branchen können die unterschiedlichsten IT-Bereiche 2010 bereits wieder einen wirtschaftlichen Aufschwung verzeichnen. Der Mangel an IT-Fachkräften ist in Österreich nach wie vor aktuell – die Branche verlangt dringend nach qualifizierten Software-EntwicklerInnen, Support-Fachkräften und NetzwerktechnikerInnen. Angesichts der großen Bedeutung der IKT für den österreichischen Wirtschaftsstandort wird dieser Bereich auf Dauer keinesfalls ohne das Potenzial weiblicher Fachkräfte auskommen. Frauen bringen die besten Voraussetzungen für IT-Berufe mit und wir sind gefordert, Mädchen bereits in der Schule für Informationstechnologien zu interessieren und ihnen Lust darauf zu machen, entsprechende Ausbildungswege einzuschlagen.

Wir brauchen weitere effektive Maßnahmen, um den Frauenanteil der Beschäftigten in den Bereichen Forschung & Entwicklung und IKT zu heben:

Der Weg zu mehr Frauen in technischen Berufen und Führungspositionen führt über wirksame Förderungsprogramme: Als Bundesministerin für Verkehr, Innovation und Technologie ist es mir ein großes Anliegen, noch mehr Frauen die Teilnahme an Forschungsprojekten zu ermöglichen. Über das Programm FEMtech werden daher jene Unternehmen in der industriellen, sowie außeruniversitären Forschung gezielt unterstützt, die einen ausgewogenen Frauen-Männer-Beschäftigungsanteil haben. Auch bei der Vergabe von Forschungsförderungen sollen in Zukunft verstärkt genderrelevante Kriterien berücksichtigt werden – der Gegenstand eingereichter Projekte und ihre Folgewirkung werden ebenso eine Rolle spielen wie die Zusammensetzung der Forschungsteams und die Arbeitsbedingungen bei den Antragsstellern.

Neben einer gezielten Förderungspolitik ist es aber ebenso wichtig, die Arbeitsverhältnisse, in denen Frauen und Männer beschäftigt sind, näher in den Blick zu nehmen. Dass Frauen in technischen Berufsfeldern meist noch in der Minderheit sind, hat zweifellos auch strukturelle Ursachen. Atypische Beschäftigung, flexible Arbeitszeiten und eine hohe Zahl an Überstunden stellen eine deutliche Beeinträchtigung der Work-Life-Balance dar. Die Vereinbarkeit von Beruf und Familie spielt aber besonders in weiblichen Erwerbsbiographien nach wie vor eine große Rolle. Dies belegt auch die aktuelle Zeitverwendungsstudie 2010, die aufzeigt, dass immer noch zwei Drittel der unbezahlten Familien- und Hausarbeit in Österreich von Frauen erledigt wird. Aufgabe der Politik ist es, auch hier anzusetzen – denn eine berufliche Gleichstellung von Frauen und Männern erreichen wir nicht zuletzt über die strukturelle Verbesserung der Lebens- und Arbeitsbedingungen.

Forscherinnen und Forscher, Expertinnen und Experten benötigen Rahmenbedingungen und Strukturen, die sicherstellen, dass sich ihr innovatives Potenzial auch voll entfalten kann. Wie vielfältig dieses Potenzial ist, zeigt das vorliegende Buch: Alle Interviewpartnerinnen, die im Folgenden zu Wort kommen, haben ihren eigenen ganz persönlichen Hintergrund, ihre eigene spannende Geschichte. Als starke Akteurinnen in zukunftsträchtigen Netzwerken sind sie aber vor allem „Role Models" für all jene, die einen ähnlichen Karriereweg einschlagen wollen.

Netzwerke sind die Grundlage für Wissen, Innovation und Wertschöpfung. Umso wichtiger ist die Darstellung beruflich erfolgreicher Frauen in einem männerdominierten Bereich, wie der IKT. In diesem Sinne danke ich den Herausgeberinnen für die Idee und die Arbeit an diesem bemerkenswerten Buch. Diese Publikation ist ein wichtiger Beitrag, um Frauen Mut zu machen, in technische und IT-Berufe einzusteigen. ■

„Auf gleicher Augenhöhe“

BARBARA NOVAK
Gemeinderätin, Abgeordnete zum Wiener Landtag, IKT-Sprecherin

Im Frühjahr 2010 beschloss die Bundesregierung die Gründung des „Kompetenzzentrums Internetgesellschaft – KIG“, ein Gremium, das dem Ministerrat in regelmäßigen Abständen einen Maßnahmenplan zur Weiterentwicklung des IKT Standortes Österreich vorlegen soll. Während der Arbeiten zu diesem Buch war die Zusammensetzung dieses politischen Gremiums mit ca. 12 Personen leider rein männlich. Auf die Nachfrage warum das denn so sei, kam gleich die Antwort: „Es gibt keine bzw. zu wenig Frauen in der IKT!“ Diese Aussage höre ich nur allzu oft und kommt in meiner persönlichen Hitliste der stereotypen Ausreden von Männern gleich nach: „Es gibt zu wenig Frauen, die Technik studiert haben und daher finden wir keine Frauen, die Vorstands- oder Aufsichtsratsfunktionen besetzen können!“

Zu Beginn des Projektes ging es uns darum, zwei Extreme zu beleuchten. Erstens gibt es sehr erfolgreiche und kompetente Frauen in Spitzenpositionen in der Informations- und Kommunikationstechnologie, die durch ihre Arbeit die Branche auf eine ganz besondere Weise auch prägen und verändern. Diese Frauen sind inzwischen in vielen Bereichen der IKT zu finden. Sie bekleiden Vorstandsfunktionen und sind Geschäftsführerinnen, Wissenschafterinnen und Initiatorinnen von Plattformen und organisieren Wissenstransfer oder setzen innovative Zeichen am Markt. Zweitens wollten wir aber auch aufzeigen, dass es leider trotz allem immer noch zu wenige Frauen in Führungspositionen im IKT-Management gibt und dieser geringe Frauenanteil ein wirtschaftliches Defizit für den Standort und für die Unternehmen selbst bedeutet. Frauen wollen sich auf gleicher Augenhöhe wie Männer wissen und fordern dies inzwischen auch ein. Wir haben durch interessante Tiefeninterviews mit Frauen, die es in der IKT-Welt geschafft haben, hinterfragt, wo die Hürden liegen und welche Rezepte es geben könnte, um dieses volkswirtschaftliche Dilemma zu lösen.

Wie ein roter Faden zieht sich das Imageproblem der Informations- und Kommunikationstechnologie durch die Gespräche. Die Branche wird immer noch von außen als kalt, technisch, rein männlich, stark hierarchisch strukturiert und introvertiert wahrgenommen. Dabei zeigt sich sehr schnell, dass wir in Wahrheit von einer sehr kreativen, kommunikativen, bunten und dynamischen, sich ständig verändernden Branche sprechen, die immer auf der Suche nach neuen Lösungsansätzen und innovativen Produkten ist. Damit bietet die IKT Tätigkeitsfelder und Funktionen, die für Frauen eigentlich wie geschaffen sind und gerade im Management ist der Beitrag von Frauen unverzichtbar. Viele IKT Chefs haben die Erfahrung gemacht, dass gemischte Teams Aufgabenstellungen effizienter lösen, weil Menschen mit unterschiedlichen Stärken sich gut ergänzen und daher Projekte gemeinsam besser vorankommen. Die Einschätzung unserer Interviewpartnerinnen unterstreicht die Effizienzsteigerung durch die Steigerung des Frauenanteils in Projektteams und zeigt, wie wichtig Frauenförderung bzw. das Beseitigen von Schranken für Frauen ist. Die Europäische Union hat sich diesem besonderen Thema schon im Frühjahr 2009 angenommen und gemeinsam mit vielen Unternehmungen den „European Code of Best Practices for Women and ICT“ in die Welt gerufen und unterzeichnet.

Ich habe in diesen Wochen der Interviews durchgängig kompetente, zielbewusste, intelligente Frauen kennengelernt, die jeweils ihren eigenen Stil entwickelt haben und sehr authentisch ihre Funktion auch leben. Viele sind sich bewusst, einen Preis gezahlt zu haben und sind trotzdem vor allem Frau und Mensch geblieben. Der Preis stellt sich natürlich in unterschiedlicher Gestalt dar, wie etwa wenig Freizeit bzw. Zeit für sich – also einer eher ungünstigen „Work-Life-Balance“. Den markantesten Preis für viele Frauen, die die Karriereleiter bis ganz nach oben klettern wollen, besteht allerdings in der Kinderlosigkeit. Der Geburt eines Kindes folgt im deutschsprachigen Raum immer noch ein Karriereknick, der so groß ist, dass Frauen wieder „von ganz vorne anfangen“ müssen. Einerseits ist das geringe Angebot an Kinderbetreuungseinrichtungen für Kinder von 0 bis 3 Jahren dafür verantwortlich, andererseits immer noch die gesellschaftliche Verurteilung von Frauen, die ihre Kinder mit einem Jahr oder einem halben Jahr in die Betreuung geben. Oft sind Frauen mit Anfeindungen, wie „karrieregeile Rabenmutter“, die kein Herz haben, konfrontiert und nehmen so ein Ende ihrer Karriere in Kauf oder entscheiden sich gegen Kinder. Ein Phänomen, das sich übrigens vor allem in Österreich und Deutschland abzeichnet, während die nördlichen Länder Europas oder Frankreich hier gesellschaftlich viel bessere Rahmenbedingungen anbieten und in diesen Ländern daher auch Mütter selbstverständlich in Spitzenpositionen zu finden sind. Wir sind allerdings auch davon überzeugt, dass Männern Mut zugesprochen werden muss, weil auch sie noch schief angesehen werden, wenn sie tatsächlich in Karenz gehen wollen. Ich hoffe, die dargestellten Gespräche tragen einen kleinen Teil zum Abbau dieser gesellschaftlichen Barrikaden bei und motivieren weitere Menschen, sich für einen Ausbau an Kinderbetreuungsplätzen einzusetzen und sich gegen derartige Anfeindungen gegen Frauen zu stellen.

Wir fragten Frauen nach dem kleinen Unterschied? Managen Frauen ein Unternehmen anders als Männer? Gibt es einen typischen weiblichen oder männlichen Führungsstil? Frauen in Managementfunktionen beschreiben sich selbst als ergebnisorientiert, partizipativ, kommunikativ, fordernd aber auch fördernd, nachhaltig und menschlich im Umgang mit MitarbeiterInnen und beim Lösen von Konflikten. Frauen sind nachhaltiger in ihrem Handeln, dafür weniger risikobereit und denken in der Regel umfassender. Dies kann einem Unternehmen in schwierigen Zeiten ein wenig mehr an Stabilität verschaffen.

Mit Sicherheit löst die Frage nach der Richtigkeit von Frauenquoten in Führungsebenen und Aufsichtsräten eine Folge von Diskussionen und Kontroversen aus. In vielen Ländern und Unternehmen und vor allem in der Politik hat sich durch die Einführung von Quoten eine deutliche Verbesserung des Frauenanteiles ergeben. Frauen wollen aber zu Recht wegen ihrer Qualifikation und ihrer Kompetenz wahrgenommen werden und fordern den Respekt trotz einer Quotenregelung ein. Der Leistungsgedanke amerikanischer Unternehmen kommt Frauen zum Bespiel sehr entgegen, aber auch hier können Quoten den Prozess der Gleichstellung deutlich beschleunigen. Ich unterstütze die Einführung von Quotenregelungen wie sie eben erst die Deutsche Telekom durchgeführt hat, die bis 2013 30% ihrer Spitzenpositionen mit Frauen besetzen möchte oder die Initiativen der Europäischen Union bzw. der Frauenministerin. Ich denke auch, die Einführung einer 40% Quote für alle Aufsichtsräte von börsennotierten Unternehmen sowie Unternehmen in öffentlicher Hand ist eine Notwendigkeit zur Gleichstellung von Frauen in der Wirtschaft und ich bringe nur Unverständnis für jene Frauen auf, die die Möglichkeit hätten, Aufsichtsrätinnen zu besetzen und dies offensichtlich aus Konfliktscheue nicht wahrnehmen oder Initiativen für politische Beschlüsse verhindern. Der Leistungs- und Kompetenzgedanke ist ein richtiger und steht aus meiner Sicht nicht im Widerspruch zu einer Quotenregelung, denn es gibt gut ausgebildete Juristinnen, Wirtschafterinnen, ja sogar Technikerinnen mit Berufserfahrung. Wenn es um die Besetzung von Managementfunktionen geht und um die Gefahr von Fehlbesetzungen, muss gesagt werden, dass es auch bei Männern durchaus schon Fehlbesetzungen gegeben hat; diese werden nur nicht in der Öffentlichkeit diskutiert.

Beim Lesen dieser Interviews werden Sie eine frische, bunte, dynamische, kreative und wirtschaftlich effiziente Seite der IKT Branche kennenlernen. Die IKT hat inzwischen alle Lebensbereiche der Menschen erreicht und soll im Optimalfall den Menschen Verbesserungen und Lösungen anbieten. Dieser Wirtschaftszweig hat in Wien eine zehnmal höhere Wertschöpfung als der Tourismus, die größten Wachstumspotenziale und hat sich in Krisenzeiten als sehr stabil erwiesen. „Frauen im Netzwerk der IKT!“ ist eine Botschaft an alle Frauen und soll die positive Wahrnehmung verstärken bzw. Frauen das Gefühl geben, dass sie erwünschte und gern gesehene Mitarbeiterinnen und Führungspersönlichkeiten sind.

Ich möchte mich bei allen Frauen bedanken, die sich die Zeit genommen und mit uns in Interviews die Welt der IKT beleuchtet haben. Ich wünsche ihnen ganz persönlich alles Gute für ihre weitere Erfolgsgeschichte und dass ihr persönlicher Preis nicht zu hoch wird. ■

Die IKT: Wie im echten Leben

KAROLINE SIMONITSCH
Unternehmensberaterin
www.ks3.biz, Strategic Development Consulting

Die meisten Blogs im Netz stammen von Frauen. Doch wenn sie gehört werden wollen, gelten sie als karrieregeil. Dieser Satz stammt nicht von mir selbst, sondern ist die Einleitung zu einem für mich mehr als passenden Artikel, der im August 2010 in der Berliner taz.de erschienen ist und sich mit dem Thema Blogs von Frauen auseinandersetzt. Warum dieser Einstieg zu einem Buch, das erfolgreiche Frauen in der IKT zum Mittelpunkt hat?

Im Netz hätte alles anders werden können: Mehr Gleichbehandlung und eine Loslösung von alten Geschlechterrollen. Doch nach wie vor, ist das Internet, eigentlich die gesamte IKT-Branche, vor allem von Männern dominiert. Warum?

Verschiedene und vollkommen unabhängig voneinander geführte Untersuchungen kommen zum Schluss, dass Frauen sich seltener ermächtigt fühlen, öffentlich zu sprechen. Das sei ein Ergebnis jahrelanger kultureller Prägung. Tatsachen von außerhalb des Netzes reproduzieren sich auch dort. Tatsächlich stammen jedoch zwei Drittel aller Blogs von Frauen, was in Summe dazu führt, dass zwei Drittel aller deutschen Blogs eine Art persönliches Online-Journal sind. Frauen schreiben demnach seltener als Männer für die breite Öffentlichkeit „relevante" Themen wie Politik, Wissenschaft, Technik oder Medien.

Bereits seit Jahren vermisse ich persönlich ausreichend weibliche Gegenüber auf Podien, bei Vorträgen und Konferenzen. In meinen vielen Jahren als IKT-Beraterin bei einem großen internationalen Beratungshaus, bei dem ich im Corporate Finance und Strategiebereich tätig war, fehlten mir weibliche Ansprechpartner. Sowohl auf KollegInnenseite als auch auf Kundenseite. Ich fragte mich schon lange, warum ist das so? Warum interessieren sich offenbar so wenige für eine Branche, die mich selbst begeistert und fasziniert? Die IKT ist herausfordernd, da sich permanent weiterentwickelnd, dabei aber unglaublich innovativ und spannend. Gleichzeitig ist die IKT international – eigentlich muss man sagen global. Denn das world wide web kennt keine Grenzen, oder doch?

Vielleicht sind die Grenzen aber auch einfach noch in unseren Köpfen bzw. in unserer Gesellschaft? In Bulgarien sind rund 50 Prozent der Informatikstudenten Frauen. Bei uns bzw. im gesamten deutschsprachigen Raum ist der Prozentsatz noch erschütternd gering. Dieser und anderen Fragestellungen gehen wir in unserem Buch nach. Ich persönlich bin sehr glücklich darüber, dass es uns gelungen ist, faszinierende, hoch intelligente und persönlich beeindruckende, erfolgreiche Frauen in der IKT zu überzeugen, sich Zeit für ein Interview zu nehmen. Wir haben sehr persönliche Fragen gestellt, ich bin begeistert von der Klarheit und Offenheit, mit der die Antworten erfolgt sind.

Beim aufmerksamen Lesen des Buches wird sich die Bandbreite und Fülle an spannenden Aufgaben und Tätigkeitsbereichen, welche die IKT einerseits zu bieten hat, zeigen. Andererseits werden sie durch die Interviews, vor allem durch die Antworten auf unsere Fragen, feststellen, dass wir eigentlich ganz am Anfang stehen. Wir, das sind wir alle. Es gilt zu „begreifen", bzw. „begreifbar" – durchaus auch haptisch – zu machen, dass ohne die IKT in Zukunft kaum mehr ein Bereich unseres Gesellschafts-Lebens aber auch unseres Business-Lebens auskommen wird. Wir werden das Potenzial der Frauen, die immerhin die Hälfte unserer Gesellschaft ausmachen, dringend brauchen, denn innerhalb der IKT gibt es viele Bereiche, die durch gemischte Teams effektiver und nachhaltiger gestaltet werden können. Sie werden sehen, es gibt sie doch: erfolgreiche Frauen in der IKT. Ein herzliches DANKE an alle, die dieses Buch ermöglicht und unterstützt haben! ■

DIE IKT TUT

Mehr Mut! Auch Frauen gut

Die Herausgeberinnen & der Verleger zum Hintergrund des Buches
BARBARA NOVAK, KAROLINE SIMONITSCH und HELMUT FIALA

Wie ist die Idee zu diesem Buch entstanden und warum wollten Sie das Thema in Buchform bearbeiten?

Barbara Novak: Die Buchidee wurde bei einer Diskussion von Dr. Simonitsch und mir geboren. Wir hatten festgestellt, dass es aus unserer Sicht, zahlreiche sehr kompetente und erfolgreiche Frauen in der IKT-Welt gibt, die nur nicht wirklich im Scheinwerferlicht der Medien stehen, die nicht auf den branchentypischen Diskussionspodien Platz nehmen und die wir gerne mit diesem Buch in den Mittelpunkt rücken wollen. Andererseits hatte ich bei diesem Gespräch berichtet, dass im Frühjahr das „Kompetenzzentrum für Internetgesellschaft KIG" gegründet wurde und dass in diesem politischen Gremium, immerhin im Jahr 2010, keine einzige Frau vertreten ist. Wir wollten dem daher nachgehen und Stolpersteine für Frauen in der IKT-Branche identifizieren, Ursachen analysieren bzw. auch mögliche Lösungsansätze erarbeiten. Wir sind fest dazu entschlossen, etwas daran zu ändern, dass Frauen in der IKT-Branche zu wenig Aufmerksamkeit erfahren und Berücksichtigung finden.

Karoline Simonitsch: Warum als Buch? Bis jetzt ist sehr vereinzelt und in den unterschiedlichsten Medien über einzelne erfolgreiche IKT-Top-Managerinnen und das Thema insgesamt berichtet worden, nirgendwo jedoch „gesammelt". So geht aber die Botschaft insgesamt etwas unter. Daher haben wir uns gedacht, bei einem Buch gelingt es besser, die „Message" und Relevanz gebündelt zu transportieren und so, hoffentlich eine größere Aufmerksamkeit und Öffentlichkeit zu erreichen. Ein Buch, welches vor allem aus Interviews besteht, auch deshalb, da wir ja nicht stur analytisch und wissenschaftlich die Problembereiche bearbeiten wollten, sondern, der Branche entsprechend, ein interaktives und dialogisches Zeichen setzen wollten. Wir sind davon überzeugt, so, sehr viel mehr für die Awareness zu tun, als dies einzelne Beiträge alle paar Monate in den Medien vermögen. Außerdem zeigen die gebündelten Interviews auch, wie breit die Wertschöpfungskette innerhalb der IKT generell ist und die unterschiedlichen IKT-Bereiche/Segmente, in denen unsere Interviewpartnerinnen tätig sind.

„Es gibt keinen Karriereweg, der dem anderen gleicht. Es gibt einfach kein Rezept, das einer Frau die Karriere verspricht. Es gibt vielleicht ein paar Zutaten, die unbedingt zu beachten sind."

In der Informations- und Kommunikationstechnologie ist der Frauenanteil in manchen Bereichen sehr gering. Jetzt sitze ich vor zwei Frauen, die in dieser Branche erfolgreich tätig sind. Wie sind Sie zu Ihren jeweiligen Aufgaben und generell zur IKT gekommen?

Karoline Simonitsch: Ich habe mich schon an der Uni im Rahmen meines BWL-Studiums auf e-Business spezialisiert, als dies das erste Mal an einer österreichischen Universität angeboten wurde. Ich wusste einfach, dass das Internet die Zukunft darstellt und unser Leben massiv und nachhaltig beeinflussen wird. In einer Form, wie wir es noch gar nicht abschätzen konnten. Einige Jahre später dann, ist für mich die faszinierende Welt der mobilen Kommunikation dazugekommen. Als ich mein Doktoratsstudium begonnen habe und an meiner Doktorarbeit rund um das Thema „Mobile Business" gearbeitet habe, zu einem Zeitpunkt als in England gerade die UMTS Versteigerungen am Laufen waren und ich nicht verstanden habe, warum man ohne Geschäftsmodelle dahinter so viel Geld für Lizenzen ausgeben kann, war ich dann endgültig „addicted". Für mich war und ist die IKT eine der spannendsten und faszinierendsten Branchen überhaupt. Nebenbei: Für mich war es nie ein Thema, ob Mann oder Frau. Mich hat die IKT-Welt ganzheitlich fasziniert.

Aber wie bin ich, die nie mit der Politik zu tun hatte, dann zu Barbara Novak, zur IKT Politikerin gekommen? Wir haben uns im Rahmen eines Projektes der Stadt

Wien kennengelernt und aus einer sehr intensiven beruflichen Arbeitsbeziehung ist auch eine sehr intensive persönliche Beziehung entstanden.

Barbara Novak: Meine Erfahrung war, wann immer ich mit der IKT zu tun hatte, vor allem bei den Vertriebskollegen der IT-Firmen, ich hatte es nur mit Männern zu tun. Ich war sehr überrascht, als ich als IKT-Expertin und Beraterin dann Karoline Simonitsch kennenlernte und jetzt haben wir uns im Rahmen des Buches gemeinsam auf die Suche nach anderen Frauen in der Branche gemacht.

Ich bin als 24-jährige in den Wiener Landtag und Gemeinderat eingezogen und natürlich gleich in den Bildungs- und Jugendausschuss eingeteilt worden. Es lag ja nahe, dass sich die Junge um die Jugendagenden kümmern sollte. Ich hatte allerdings einen genauso jungen Kollegen, der gleichzeitig mit mir kam, der sich dieses Themas „Jugend und Jugendarbeit" annahm und so konnte ich mich auf die Medien und Medienpädagogik konzentrieren. Ich bin seit 2003 auch Vorsitzende des Wiener Bildungsservers und entwickle das, 1997 gegründete, Wiener Bildungsnetz weiter, das einzige Bildungsglasfasernetz Österreichs. Ich fand den gesamten Bereich so bedeutend und politisch faszinierend, dass ich mich damit tiefer auseinander gesetzt habe. So kam ich dann zur wirtschaftspolitischen Komponente und versuche seither, weitere Verbündete für diese Zukunftsbranche zu finden und Konzepte für den Standort Wien zu erarbeiten.

Wo sehen Sie in Ihrer früheren Ausbildung oder im Kindesalter die Prägung für die Technik? Gibt es da schon eine Basis in Ihrer Jugend?

Karoline Simonitsch: Mein Vater hat mich sehr geprägt und mir ein großes technisches Verständnis mit auf den Weg gegeben. Ich habe als Teenager eine Vespa-Gang angeführt und bin durch meinen elterlichen Freundes- und Bekanntenkreis vor allem mit jungen Männern aufgewachsen. Ich habe als junges Mädchen Schweißen, genauer E-Schweißen, von meinem Vater gelernt, dafür kann ich nicht Nähen oder sonstige typische weibliche Handarbeiten. Später dann durch meinen Mann, mit dem ich gemeinsam während unserer Studien sehr viele Freunde hatte, die alle ein Technikstudium absolvierten und wir oft stundenlang technisch gefachsimpelt haben. Also bei mir eindeutig ein positiv motivierendes technisch besetztes Umfeld, das auf mich „abgefärbt" hat.

Barbara Novak: Ich gehöre gerade noch einer Generation an, die weder mit Handy noch mit Internet aufgewachsen ist und ich kann mich noch gut erinnern, als wir unser erstes Telefon bekommen haben und dann irgendwann einmal sogar einen ganzen Telefonanschluß. Ich war naturwissenschaftlich ein wenig interessiert, allerdings im technisch handwerklichen Bereich sehr begabt. Meine Berufswünsche mit 13/14 Jahren waren Lokomotivführerin, ich wollte die erste weibliche Lokomotivführerin werden, oder Installateurin. Meine Mutter hat mich allerdings dann motiviert, weiter in die Schule zu gehen und die Matura zu machen, so habe ich dann einen sehr kommunikativen und kreativen Berufsweg eingeschlagen.

Bei den Interviews, die Sie gemacht haben, konnten Sie da Gemeinsamkeiten zwischen den Karrieren der Frauen feststellen?

Karoline Simonitsch: Ja, die Einsamkeit, die diese Frauen immer wieder zwischendurch begleitet hat. Die meisten Frauen haben, teilweise auch mangels weiblicher Vorbilder, beschlossen, ihren eigenen, individuellen Weg zu suchen, haben sich mit einem großen Glauben an sich selbst, an die eigenen Stärken vollkommen unterschiedliche und individuelle Entwicklungswege gesucht.

Glücklicherweise haben fast alle Frauen kaum bis keine Diskriminierung erfahren. Ich selbst auch nicht. Ich wurde zwar als Frau nicht explizit gefördert, aber auf keinen Fall irgendwie diskriminiert. Ich hatte das Gefühl, dass sich alle mal anschauen, „was das Mädel so zusammenbringt". Da ich immer schon sehr zielorientiert und teilweise durchaus hartnäckig in der Umsetzung war, bin auch ich meinen individuellen Weg gegangen.

Barbara Novak: Ich möchte das Unterstreichen. Die von uns interviewten Frauen haben jeweils ihren eigenen individuellen Weg gefunden und es gibt keinen Karriereweg, der dem anderen gleicht. Es gibt einfach kein Rezept, das einer Frau die Karriere verspricht. Es gibt vielleicht ein paar Zutaten, die unbedingt zu beachten sind.

Eine Sache zieht sich aber wie ein roter Faden durch alle Gespräche und Karrieren. Es kommt der Zeitpunkt, wo sich eine Frau entscheiden musste oder muss, ob sie Kinder bekommt. Jene, die sich dafür entschieden haben, nehmen ganz automatisch einen Karriereknick in Kauf und hoffen auf eine zweite Chance, wenn die Kinder aus dem „gröbsten heraußen" sind. Einige bekommen diese Chance auch, die meisten interviewten Frauen haben sich allerdings gegen Kinder entschieden und sind ihren Weg direkt gegangen. Das ist für Österreich und Deutschland durchaus symptomatisch.

Karoline Simonitsch: Es stellt sich bei einigen Berufsbildern einfach gar nicht die Frage. Wenn man als Beraterin international unterwegs ist, kann man nicht gleichzeitig am Abend bei den Kindern zu Hause sein. Gerade die IKT ist eine sehr internationale Branche, in der man schon von Haus aus eher viel unterwegs ist.

Ist das ein Preis, den Frauen zahlen und Männer nicht?

Karoline Simonitsch: Nein, den Preis müssen auch Männer zahlen. Alle, die so weit in der Karriereleiter hinauf wollen oder sind, müssen einen Preis zahlen. Es wird nur bei Frauen mehr thematisiert, weil sie es sind, die Kinder bekommen können. Aber das Problem liegt beim unzulänglichen Angebot der Kinderbetreuung in Österreich, im Gegensatz zu den nördlichen Ländern Europas.

Barbara Novak: Die Entscheidung wer und wie lange jemand in Karenz geht, hängt einerseits von der angebotenen Kinderbetreuung ab. Wir haben viel zu wenig Plätze für die 0 bis 3jährigen, wobei Wien hier noch die besten Zahlen hat. In Frankreich gehen die Frauen wieder nach einem halben Jahr ganz selbstverständlich arbeiten und die Kinder in die erste pädagogische Einrichtung. Bei uns ist das undenkbar, weil die Gesellschaft diese Frauen in Österreich und Deutschland als Rabenmütter bezeichnet. Anderseits hängt die Entscheidung vom Einkommen ab. Frauen verdienen immer noch in vergleichbaren Jobs um einiges weniger als ihre Männer und daher bleiben sie auch zu Hause.

Als Politikerin angesprochen, welche gesetzlichen Maßnahmen müssten geschaffen werden, um das Problem zu lösen?

Barbara Novak: Nicht alles ist legislativ zu lösen. Es ist ein Zusammenspiel zwischen den Verhandlungsergebnissen der Sozialpartner und der Bewertung von Arbeit. Ich verstehe zum Beispiel nicht, warum ein Feuerwehrmann, der für Leben und Tod verantwortlich ist, zu Recht sehr gut verdient, aber eine OP-Krankenschwester, die auch für Leben und Tod verantwortlich sein kann, wesentlich weniger verdient. Frauenarbeitsplätze sind häufig schlechter bewertet als Männerarbeitsplätze und dazu kommt, dass Frauen in der Privatwirtschaft auch für den selben Beruf mit der selben Qualifikation wie ihre männlichen Kollegen oft weniger bezahlt bekommen. Hier müssen wir auch gesellschaftspolitisch gemeinsam noch viel unternehmen.

„Frauen müssen sich auch auf die Füße stellen und das für Ihre Leistung adäquate, zustehende Gehalt einfordern.“

„Die IKT Branche hat definitiv ein Wahrnehmungsproblem.“

Karoline Simonitsch: Es ist ein Denkfehler, wenn man glaubt, das wäre irgendwie gesetzlich in den Griff zu bekommen. Hier müssen die Unternehmen umdenken und die Wirtschaft insgesamt. Ich selber habe mich immer durchgesetzt und hatte nie das Problem, dass ich auch nur einen Euro weniger verdient habe als ein Mann in vergleichbarer Position. Ich wusste, was ich wert bin und hätte das nicht zugelassen. Ich denke die Frauen müssen sich hier auch auf die Füße stellen und das für Ihre Leistung adäquate, zustehende Gehalt einfordern.

Gibt es frauenspezifische Hindernisse in diesem Bereich?

Karoline Simonitsch: Die Vorgaben sind für alle gleich. Frauen werden eher von den Rules der Branche, von den Schwierigkeiten des Einstiegs abgeschreckt und haben so keine Lust auf die IKT. Es gibt noch immer ganz wenige Beraterinnen in der IKT. Wir haben nach ihnen gesucht, aber keine Frau gefunden, die ein Beratungshaus leiten würde und auf IKT spezialisiert wäre. Ich war da als Beraterin immer schon relativ einsam unterwegs, schon als ich vor geraumer Zeit für einige Jahre beruflich nach Deutschland gegangen bin. Als ich zurückkam, war ich noch mehr enttäuscht, weil sich hier offenbar nicht wirklich etwas weiterentwickelt hat. Mich überrascht und frustriert das irgendwie, weil gerade der, nicht nur technisch getriebene, in der Regel mehr ganzheitlich ausgelegte weibliche Zugang der IKT-Branche wirklich sehr gut tun würde.

Barbara Novak: Die Branche bietet ein optimales Berufsfeld für Frauen. Die IKT Branche hat definitiv ein Wahrnehmungsproblem. Sie wird immer noch von vielen Frauen als technisch-kabellastig, kalt, patriarchalisch, hierarchisch, unflexibel, trocken und steif wahrgenommen. Dabei ist die IKT Welt bunt, kreativ, dynamisch, kommunikativ und partizipativ und Frauen wären gerade in den Bereichen Produktdesign, Usability, Vertrieb, Forschung oder in den Contentbereichen eine so große Bereicherung. Eigentlich müssten sich Frauen in dieser Branche ganz besonders wohl fühlen und das tun sie auch, wenn sie sich getraut haben.

Was müssen wir tun, um die Wahrnehmung zu verbessern und die Branche ins rechte Licht zu rücken?

Karoline Simonitsch: In den Schulen anfangen. Es kann eigentlich gar nicht sein, dass manche Lehrer sich noch immer nicht mit IKT beschäftigen und nicht verstanden haben, dass das Internet die Generation, die sie ausbilden, bestimmen und massiv prägen wird.

Barbara Novak: Der Schlüssel liegt in der Medienpädagogik und beginnt im Kindergarten und geht über die Schulen, wobei hier die Lehrenden besonders geschult gehören, und endet im gesamten öffentlichen Bereich.

Wir haben hier auch noch ein Generationenproblem. Trotz eines breiten Schulungsangebots kann ich nicht dafür garantieren, dass nicht noch immer Lehrkräfte in der Volksschule auf die zwei PC's in ihren Klassen ein Spitzendeckerl und einen Blumenstock daraufstellen, weil sie nicht wissen, was sie mit dem Computer im Unterricht machen sollen. Mein Leitspruch lautet daher immer: 1-1-1 d.h. ein Euro für die Infrastruktur, ein Euro für die Contenterstellung und Entwicklung und einen Euro für die Ausbildung. Wir geben sehr viel Geld für Infrastruktur aus, einen kleinen Teil für Content und verschwindend wenig für die Ausbildung.

Wir müssen von den homöopathischen Dosen im Bereich der Förderung von „Mädchen und Technik“ zu kräftigeren Maßnahmen kommen. Der Töchtertag ist toll und inzwischen schon eine Institution, wir bräuchten nur jeden Monat einen Töchtertag oder ähnliche Initiativen.

Karoline Simonitsch: Das könnte man gesetzlich regeln! Das Ausbildungs- und Schulsystem gehört dringend geändert. Eine Anpassung an die Marktnotwendigkeiten und Wirtschaftsanforderungen müsste dringend durchgeführt werden, lieber heute als morgen. Doch leider habe ich den Eindruck, dass bei den meisten politischen Entscheidungsträgern diese Thematik noch nicht wirklich angekommen zu sein scheint und auch nicht, was die IKT insgesamt für den Wirtschaftsstandort bedeutet bzw. wie relevant diese Branche ist.

„Frauen müssen verstehen, dass Sie netzwerken müssen und diese Kontakte auch benutzen dürfen und sollen. Es geht nicht nur darum, gemocht zu werden.“

Können Quotenregelungen hier als gesetzliche Maßnahme hilfreich sein oder sollte man eher auf Corporate Governance Codizes setzen?

Karoline Simonitsch: Beides ist keine Lösung aus meiner Sicht und ich weiß, Barbara wird mir wahrscheinlich widersprechen. Es können sicher einige Rahmenbedingungen auch gesetzlich geregelt werden, aber eine gesetzliche Quotenregelung per se ist für mich nicht sinnvoll. Die Corporate Governance Lösung wiederum, ist keine ausreichende, diese greift zu wenig. Fakt ist, es muss für die Wirtschaft ein Spielraum bleiben, sonst werden die Vorgaben und Regelungen nicht angenommen werden und das gesamte Konzept wird nicht „aufgehen“.

Barbara Novak: Ich denke wir benötigen beides, um weiterzukommen. Eine Quotenregelung für die Aufsichtsratsfunktionen halte ich für alle börsennotierten Unternehmen sowie für alle gemeinwirtschaftlichen und staatlichen Unternehmen für umsetzbar. Das machen uns ja andere Länder vor und es funktioniert dort sehr gut. Es gibt wohl genug kompetente weibliche Betriebswirtinnen, Juristinnen oder Volkswirtinnen und sogar Technikerinnen, die fähig wären, Aufsichtsratsfunktionen zu übernehmen. Hier drücken sich viele meiner Meinung nach vor der Diskussion mit den „alten situierten Männern“. *Anmerkung Karoline Simonitsch:* oder die Frauen werden gar nie gefragt, können sich also gar nicht in Position bringen.

Eine Corporate Governance ist sicher sinnvoll, um den Wettbewerb der Unternehmen auch zu diesem Thema anzukurbeln. Viele Manager, auch in der IT-Branche, sind von ihrer Ausbildung keine Techniker, sondern Publizisten, Sportwissenschafter oder Betriebswirte. Die Ausrede, es gibt zu wenig Technikerinnen für Vorstandsfunktionen, gilt daher nicht.

Ich weiß, dass die Quotenregelung die Nebenwirkung hat, dass sich Frauen gefallen lassen müssen, dass Mann ihnen die Qualifikation generell abspricht und sie nur wegen der Quote in diese Funktion gekommen wären. Natürlich wäre mir auch lieber, wenn überall nur der Leistungsgedanke und die Qualität ausschlaggebend wären für die Besetzung von Spitzenpositionen. Dann wären wir um einige unqualifizierte Männer leichter und hätten mehr Frauen in Spitzenpositionen. Aber das dauert mir zu lange, daher bin ich für schärfere Maßnahmen.

Sie haben sich auch mit der Frage von Netzwerken beschäftigt. Haben Sie festgestellt, dass Frauen und Männer anders netzwerken. Was haben Sie herausgefunden?

Karoline Simonitsch: Zuerst müssen Frauen verstehen, dass Sie netzwerken müssen und diese Kontakte auch benutzen dürfen und sollen. Ich kann aus eigener Erfahrung sprechen, ich war immer zu freundlich und nett in meiner Netzwerkerei, ich habe bei, an mich herangetragenen Wünschen, zu selten Nein gesagt. Es geht nicht nur darum, gemocht zu werden. Frau muss auch auf sich selbst schauen, was bzw. wer bringt mir was, wovon profitiere auch ich selbst. Dieses Prinzip des Geben und Nehmens musste ich erst lernen und das habe ich auch aus einigen Interviews herausgehört, dies scheint ein durchaus weibliches Problemfeld zu sein.

Barbara Novak: Frauen können von Männern lernen, dass sie netzwerken sollten, um Business zu machen und nicht, um sich nur nett zu unterhalten und ein Gläschen Prosecco zu trinken. Das ist zwar auch ganz nett, bringt sie aber nicht weiter.

Karoline Simonitsch: Wenn Frauen aber dann wirklich Business machen, dann sind sie plötzlich nicht mehr lieb, sondern werden in der gesellschaftlichen Wahrnehmung leider oft noch sehr schnell zu karrieregeilen und eher kalten Weibern abgestempelt.

Sind Sie jemals von Diskriminierung oder Vorurteilen betroffen gewesen?

Barbara Novak: Ja, sicher. Eine Frau, die so jung wie ich ein politisches Mandat bekommt, weil die Quotenregelung das ermöglicht hat, kommt sofort in den Verdacht, nur eine Quotenfrau zu sein und keine Qualifikation zu haben. Einige Kollegen und Beamte hatten anfangs schon ein Problem damit und es wurde mir auch jede junge unqualifizierte Frau in einer Spitzenposition als „Beweismaterial" für ihren Verdacht präsentiert. Seit ich allerdings durch meine Leistung gezeigt habe, dass ich qualifiziert bin, erfahre ich keine Diskriminierung mehr.

Karoline Simonitsch: Ich bin keinen Vorurteilen ausgesetzt gewesen, vielleicht ein wenig Erstaunen und Verwunderung. Ich habe auf dem zweiten Bildungsweg studiert und bin in eine internationale, männlich geprägte Beraterfirma mit sehr jungen Mitarbeitern gekommen. Dort habe ich mich, mit meinen neuen Themen e-Business & Co dann auch noch zu behaupten getraut: „Ich kenn' mich aus, ich kann das und weiß, wie es geht!"

Fakt ist aber schon immer noch, dass man als Frau gerade in der Männerdomäne IKT mehr tun muss und wirklich kompetenter sein muss, sonst ist man meiner Meinung nach sicher auf verlorenem Posten.

Was wollen Sie den Frauen gerne mit auf den Weg geben?

Karoline Simontisch: Traut´s euch! Die IKT tut nicht weh! Ganz im Gegenteil! Fangt lieber heute und nicht morgen an. Nehmt die Bühnen wahr, die sich euch anbieten und ergreift Chancen und internationale Entwicklungsmöglichkeiten – auch wenn die einen Preis haben sollten. Es wird sich auszahlen.

Barbara Novak: Liebe Frauen, seid mutig und artikuliert eure Wünsche. Bleibt selbstbewusst und eigenverantwortlich. Geht nicht in Abhängigkeiten. Abschließend ist zu sagen: „Alle Frauen, die wir interviewt haben, sind authentisch geblieben und sind vor allem Frauen geblieben und nicht zu metrosexuellen Mannfrauen geworden!"

Wir, Barbara Novak und Karoline Simonitsch, möchten nun auch eine Frage an den Verlagsleiter richten. Wie geht es Ihnen damit, dieses Buch zu verlegen und dieses Thema zu bearbeiten?

Helmut Fiala: Sehr gut! Wir sind sehr stolz, darauf ein Buch mit dem Themenschwerpunkt Frauen in der IKT-Branche zu verlegen. Wir haben uns als Verlag zum Ziel gesetzt, Themen anzusprechen, die gesellschaftlich relevant sind. Wir haben z.B. vor einem Jahr das Buch mit dem Titel: „Warum Kindergärten Kindern gut tun!“ herausgegeben. Die Autorin hat aufgrund von nordischen Studien dargelegt, dass durch Kindergärten die Sozialisation der Kinder positiv unterstützt wird und unter den „Absolventen“ von Kindergärten sogar die Akademikerquote höher ist. Ihr Thema kam zu einem Zeitpunkt, wo wir in Österreich neuerlich und bedauerlicherweise über die Notwendigkeit und ein flächendeckendes Angebot an Kinderbetreuungsplätzen diskutieren mussten.

Heuer hat Österreich mit Johanna Dohnal eine weitere Vorkämpferin der Frauenrechte zu Grabe getragen und die Themen Gleichberechtigung, Gleichbehandlung und gleiche Chancen sind nach wie vor keinesfalls ausdiskutiert oder gar umgesetzt. Es muss gesellschaftspolitisch hier noch sehr viel passieren und da wollen wir als Verlag unbedingt dabei sein. ■

Dr. Karoline Simonitsch, Unternehmensberaterin www.ks3.biz, Strategic Development Consulting

Dr. Karoline Simonitsch ist Expertin für digitale Medien, Veränderung der Medien und deren Nutzung sowie damit verbundenen Auswirkungen auf Geschäftsmodelle und Unternehmensstrategien.

In dieser Rolle berät Sie Unternehmen, öffentlichkeitsnahe Rechtsträger und Kommunen vor allem in Deutschland und Österreich und ist gefragte Referentin bei Veranstaltungen. Darüber hinaus ist sie seit 2004 regelmäßig als Jurymitglied/Juryvorsitzende bei zahlreichen Wettbewerben und Calls, sowie als Gutachterin für unterschiedliche Förderprogramme tätig.

Die Österreicherin mit internationalem Background hat von April 2000 bis März 2007 bei PricewaterhouseCoopers in Wien bzw. Düsseldorf in der Funktion als Managerin mit Prokura gearbeitet. Seit April 2007 ist sie als selbständige Beraterin in Österreich und Deutschland tätig.

Ihre Studien absolvierte sie an der Karl-Franzens-Universität Graz, der Wirtschaftsuniversität Wien und der University of California, Berkeley, USA. ■

Barbara Novak, SPÖ-Gemeinderätin, Abgeordnete zum Wiener Landtag, IKT-Sprecherin

Barbara Novak wurde 1976 in Wien geboren und im April 2001 mit 24 Jahren als damals jüngste Gemeinderätin der Stadt Wien und Abgeordnete zum Wiener Landtag angelobt. Als Sprecherin für Informations- und Kommunikationstechnologie ist sie politisch für zukunftsweisende Infrastruktur- und Contentprojekte, wie Breitbandnetze und innovative IT- Anwendungen in Wien verantwortlich. LAbg. Barbara Novak fungiert auch als Vorsitzende des Vereines ICE-Vienna, der den Wiener Bildungsserver betreibt und das Wiener Bildungsnetz (WBN) weiterentwickelt, wo sie neue Impulse in der Medienpädagogik setzt.

Ihre ersten politischen Erfolge hat Novak als Landesschulsprecherin für die Berufsbildenden Schulen und als Vorsitzende der GPA Jugend gefeiert. Sie war für die großen Schülerproteste bei den Sparpaketen 1995 und 1996 verantwortlich und engagierte sich in der Gewerkschaftsjugend. Nach ihrer Matura studierte die leidenschaftliche Politikerin Politik sowie Soziologie und begann in der SPÖ-Wien als Landessekretärin der Jungen Generation zu arbeiten. Die Döblinger Gemeinderätin ist ausgebildete Hotel- und Tourismusmanagerin, hat 1996 die Matura an der HBLA für Kultur Touristik absolviert und ist beruflich auch als Beraterin selbstständig tätig.

Ein besonderes Anliegen ist ihr die medienpädagogische Ausbildung der Bevölkerung und eine hochwertige flächendeckende Infrastruktur um so einen Beitrag gegen den Digital Divide zu leisten. „Erst wenn wir es schaffen in der IKT Politik eine gleichwertige Ressourcenaufteilung zwischen Infrastruktur, Ausbildung und Content durchzusetzen, kann Wien an die Spitze der IKT Länder der Welt gelangen und zur innovativsten Breitbandstadt Europas werden," skizziert Barbara Novak, die Grundpfeiler der Wiener IKT Politik.

Die Wirtschaftspolitikerin setzt sich auch für die Gleichberechtigung der Frauen ein und fordert Maßnahmen zur besseren Vereinbarkeit von Beruf und Familie, um auch Frauen Karrieren in der Wirtschaft zu ermöglichen. Vor allem die Diskriminierung von berufstätigen Müttern von vielen Teilen der Gesellschaft ist ihr ein Dorn im Auge. ■

Die innovative Gen

RATION DAZWISCHEN!

MERAL AKIN-HECKE
Vorstand Digitalks, Netzwerk für digitale Medien

Sie haben Wirtschaftsinformatik an der TU Wien studiert und damit, für eine Frau, einen ungewöhnlichen Weg eingeschlagen. Wie sind Sie in die Welt der Technik gekommen?

EDV hat mich schon in der Schule interessiert. Nicht rein technisch, sondern von der Anwenderseite her. Wie verändert sich die Welt durch die neuen Medien & Technologien. Ich wollte immer schon etwas in Richtung Ingenieurwesen machen, habe aber gesehen, dass in Österreich diese Studien eine sehr lange Studiendauer haben. Ich wollte aber mit meinem Studium in rund 5 Jahren fertig sein. Also habe ich mich für die Kombination Wirtschaft und Technik entschieden und Wirtschaftsinformatik studiert.

Wurden Sie in der Schule gefördert?

Ich war in einer österreichischen Schule in der Türkei, wo Mädchen und Buben getrennt unterrichtet wurden. Wir waren ein naturwissenschaftlicher Zweig und hatten sehr viel Mathematik, Physik usw. und meine Lehrer haben mich grundsätzlich schon sehr gefördert. Allerdings waren sie dann doch auch wieder überrascht, als ich mich entschlossen hatte, Wirtschaftsinformatik zu studieren.

Wurden Sie von ihrer Familie gefördert?

Mein Vater ist Ingenieur und meine Mutter ist Englischlehrerin. Meine Eltern haben mich und meine Schwester in Bildungsfragen immer sehr gefördert und uns auch im Ausland studieren lassen. Meine Mutter hatte immer ein Auge auf mich und dafür gesorgt, dass ich lerne. Mein Vater war sehr viel beruflich unterwegs und ich habe ihn eigentlich kaum gesehen – erst als ich 15 war, war er auf einmal da, durchaus eine Lebensumstellung. Beruflich habe ich aber doch eher den technischen Weg meines Vaters eingeschlagen.

„Ich wollte etwas im Onlinebereich machen und ich war meiner Zeit voraus.“

Sie sind dann nach Österreich gekommen, um an der TU Wien zu studieren?

Ja, von der Mädchenschule zur fast reinen Männeruniversität, dass war schon eine große Umstellung für mich. Ich habe mich der Situation angepasst und gelernt, damit umzugehen, und auch mit den Kollegen Freundschaft geschlossen. Man hilft sich einfach gegenseitig durch das Studium – solche Freundschaften halten auch lange.

Das Thema Netzwerken ist ja ein Problem für viele Frauen. Sie haben ein Netzwerk hier von Wien aus selbst gestartet und gestaltet. Zu einem Zeitpunkt, als mit dem Thema niemand etwas anfangen konnte, haben Sie „Digitalks“ aufgebaut. Wie kommt man auf die Idee und schafft es dann, einen Sponsoringpartner wie die Telekom Austria dafür zu begeistern?

Die Idee ist entstanden, weil es aus meiner Sicht in Österreich notwendig war, etwas für den Bereich „Social Media“ zu tun. Es ist einfach alles sehr langsam bei uns gegangen. Als ich 2005 aus meinem Beruf ausstieg, weil ich meine Tochter bekam, gab es noch kein öffentliches Facebook. Als ich 2 Jahre später wieder ins Berufsleben einstieg, hatte ich bemerkt, dass sich die Menschen aber immer noch nicht intensiv mit Web 2.0 beschäftigten. Viele Menschen lesen und erfahren nur aus den Printmedien von diesen Themen. Niemand führt sie in diese doch neue Welt ein und zeigt ihnen wie sie funktioniert. Dazu kommt noch, dass diese Welt sehr schnelllebig ist, heute heißt es „Blog“, morgen „WIKI“ und übermorgen „facebook“. Ich selbst gehöre einer Generation an, die sozusagen dazwischen steht. Ich kenne die Welt noch ohne Internet und Handy und habe auch kein Problem damit, darauf einige Zeit zu verzichten, auch wenn ich froh bin, diese technologischen Möglichkeiten zu haben. Es gibt aber viele, die können solche Technologien nicht verwenden, weil sie keinen Zugang haben und kein Wissen, wie sie die Geräte und Tools verwenden sollen.

Wie hat sich dann die Idee von „Digitalks" entwickelt?

Ich habe viel ausprobiert und über Social Media gelesen. Auch Ihre Publikation, Frau Dr. Simonitsch, hat mir geholfen, diese Idee weiter zu entwickeln. Ich habe dann Konzepte ausgearbeitet, wie Menschen lernen können, mit diesen Werkzeugen umzugehen. Ich habe danach mit meinen Kollegen und Freunden darüber gesprochen und habe mir Feedback geholt. Ich war nicht der Meinung, dass zu viele Köche den Brei verderben können. Es war mir wichtig, auch persönlich und nicht nur mittels Blog zu kommunizieren. Der Anfang war sehr schwierig für mich. Ich habe vier Mal um Förderung eingereicht – beim vierten Mal hat es dann funktioniert. Das war jedes Mal sehr viel Arbeit und ich war natürlich frustriert, wenn es nicht geklappt hat. Dazu kam, dass ich vorher bei ORF und SAP in einem Angestelltenverhältnis gearbeitet habe und jetzt auf einmal als Selbstständige agieren musste. Ich habe zwar dort auch Onlineplattformen betreut, aber ich hatte keine Öffentlichkeit und niemand kannte mich. Alle fragten mich, wer ich bin und ob ich das überhaupt könnte. Ich sagte immer: „Ich kann das und ich werde das auch machen, mit oder ohne ihre Unterstützung!"

Es ist sehr wichtig, wenn man eine Idee hat und diese das erste Mal umsetzten möchte, dass man an sich selbst glaubt und dass man Menschen findet, die auch an einen glauben.

Wie ist es gelungen, die damals eher noch konservative Telekom Austria zu überzeugen, als Hauptsponsor aufzutreten?

Manchmal braucht man auch Glück und muss eine Chance nutzen, wenn sie kommt. Zum damaligen Zeitpunkt war gerade das Projekt „NetCultureLab" der Telekom Austria im Aufbau. Ich hörte, dass die Telekom Austria noch Projekte dafür sucht. Hier ist mir mein Netzwerk zugute gekommen, da ich rechtzeitig davon erfahren habe und diese Chance nutzen konnte.

Beim Aufsetzen des Geschäftsmodells, gab es hier hauptsächlich männliche oder auch weibliche Mitglieder?

„Ich kann das und ich werde das auch machen, mit oder ohne ihre Unterstützung!“

Natürlich haben mir auch viele Männer geholfen, weil die Branche ja fast nur aus Männern besteht. Aber ich habe und hatte immer auch den Kontakt zu Frauen gesucht – es haben mir auch zahlreiche Frauen geholfen. Ich war schon 5 bis 6 Jahre vor Digitalks bei einigen Frauennetzwerken dabei, wie beim IT Salon, Women Talk Business und bei Techwomen.

Haben Sie Netzwerke von der UNI oder Ihrem vorherigen Beruf mitgenommen?

Ich habe noch Kontakte und kann mich mit der einen oder anderen Person austauschen, aber gemeinsam an einem Projekt haben wir nicht gearbeitet. Ich habe aber von meiner Zeit bei SAP sehr viel mitgenommen an Know-How, vor allem die Art und Weise, wie ich Projekte professionell manage und organisiere und an Neues herangehe.

Würden Sie zustimmen, dass es leichter ist, in die Selbstständigkeit zu gehen, wenn man von einem großen internationalen Konzern kommt und dort ausgebildet wurde?

Das kann ich so nicht bestätigen, es gibt viele, die schon nach dem Studium Ideen haben und diese selbstständig umsetzen. Bei mir war der Zeitpunkt einfach später – die Berufserfahrung hat mir aber schon sehr geholfen.

Warum haben Sie so einen erfolgreichen Konzern verlassen?

Ich wollte etwas im Onlinebereich machen, damals war SAP noch nicht so weit. Ich war meiner Zeit voraus. Ich hatte damals schon gesagt, dass SAP Produkte in diesem Bereich braucht und heute haben sie welche. Ich könnte das jetzt natürlich in so einem Unternehmen machen, aber dazu müsste ich nach Deutschland in die Produktentwicklung gehen.

Ich kann meiner Familie als Zweitverdienerin nicht sagen, dass wir jetzt nach Deutschland ziehen müssen. Leider ist es noch immer so, dass Frauen weniger als Männer verdienen, ich denke in der IKT Branche ist es besonders schlimm und da die Frauen meistens die Zweitverdiener sind, richtet sich alles nach dem Bestverdienenden in der Familie. Natürlich gibt es Branchen, wie etwa der öffentliche Bereich, da sind die Gehälter klarer geregelt und da kommt diese Ungleichbehandlung nicht so vor. Ich arbeitete aber in der IKT-Branche.

Das bedeutet, Sie erleben, dass Sie für Ihre Arbeit weniger bekommen, als ein Mann im selben Job?

Ja, das war bei mir so und das war auch einer der Gründe, warum ich gegangen bin.

Haben Sie so eine Erfahrung auch als selbstständige Beraterin erlebt, dass Sie sich als Frau mehr behaupten müssen als Männer und diese bessere Verträge bekommen?

Nein, habe ich nicht gemacht. Jetzt kann ich selbst entscheiden, wie ich mich am Markt präsentiere und um welchen Preis ich meine Beratung anbiete und wie ich bei den Firmen auftrete. Die ersten Jahre habe ich nicht viel verdient bzw. bis zur ersten Förderung gar nichts. Ich habe das nur machen können, weil ich vom Ersparten gelebt habe und eine große Unterstützung durch meinen Mann hatte. Das ist auch notwendig, neben einem guten Netzwerk auch den Halt durch den eigenen Partner zu haben.

Wie ging oder geht es Ihnen mit der Vereinbarkeit von Beruf und Familie?

Ich habe eine Tochter und leider geht es sich im Moment nicht aus, dass ich noch ein zweites Kind bekomme. Eine Babypause von zwei Jahren wäre jetzt für Digitalks das Ende. Wenn man so viele Ideale wie ich hat, die man umsetzen möchte, dann sind Kinder und Beruf schwer vereinbar.

Ist für Sie klar, wenn ein Kind in die Familie kommt, dass dies einmal eine Karrierepause für die Frau bedeutet und die Frauen die Verantwortung für die Kinder haben?

Nein, das ist nicht automatisch so. Es hängt von der Einkommensverteilung in der Familie ab. Wenn ich besser als mein Mann verdient hätte, dann wäre ganz klar gewesen, dass er zu Hause beim Kind bleibt. Aber wie gesagt, ich war die Zweitverdienerin und damit bin ich auch in Karenz gegangen. Frauen könnten nach einem halben Jahr ganz klar nach dem Stillen wieder zurück in ihren Beruf gehen, ohne einen Karriereknick zu haben.

„Den Netzwerken eine Chance geben und diese nutzen."

Sie waren in der Türkei schon bei SAP und dann auch in Österreich. Gab es kulturell für Frauen da einen Unterschied?

Ja, ich war 2 Jahre bei SAP in der Türkei und wollte aber wieder zurück, um hier meine Familie aufzubauen und hier in Österreich zu leben. Ich hatte in der Türkei eine Chefin im technischen Bereich. Das war aber eher die Ausnahme, da die Frauen meistens in den Bereichen HR, Marketing und Finanzen zu finden waren. Allerdings sind bei den Studienabgängern in den technischen Studien in der Türkei genausoviele Frauen wie Männer und es fangen auch viele Frauen in technischen Bereichen zu arbeiten an. Sie kommen aber meistens wegen der Kinder dann nicht im technischen Bereich zum Management weiter, weil als technische Beraterin gefordert wird, dass man mindestens 4 Tage die Woche im ganzen Land herumreist.

Sind diese Frauen also nicht bereit, den Preis der Belastung und des Drucks zu zahlen?

Nein, denn dieser Preis ist hoch. Ich glaube, dass sich die Jobs ändern müssen und nicht die Menschen. Es soll die Arbeit wieder Spaß machen und nicht der Druck und die Anforderung immer größer werden.

Haben Sie persönlich einen Preis für Ihr Leben bezahlt?

Ja, ich habe ein unruhiges Leben, weil ich sehr rastlos bin und ich muss immer weitermachen. Ich habe immer das Gefühl, es ist nicht gut genug und ich muss wieder etwas weiterentwickeln.

Glauben Sie nicht auch, dass das sehr weiblich ist und Männer sich eher dann denken: „Ich habe das gut gemacht, jetzt kann ich mich einmal ausruhen!"?

Ja, das stimmt wahrscheinlich.

Was können wir von Ihnen in der nächsten Zeit erwarten und erhoffen?

Ich weiß noch nicht. Jetzt mache ich sicher noch ein Jahr so weiter und dann werde ich etwas Neues machen. Ich freue mich, wenn andere einen Faden aufnehmen und ihn weiterspinnen, ich kann dann etwas Neues machen. Als nächstes biete ich eine Twitterreise an. Ich fahre mit Twitterern nach Istanbul und dort wird natürlich auch getwittert.

Haben Sie als junge türkische Migrantin jemals Diskriminierung kennengelernt?

Aus der Sicht der Herausgeberinnen

Einkommensunterschiede zwischen Frauen und Männern, trotz gleicher Qualifikation und bei gleich guter Arbeit sind in manchen Branchen immer noch auf der Tagesordnung. Wer in Karenz geht, entscheidet meist die Einkommenssituation in der Familie. Die Beseitigung dieser Einkommensunterschiede könnte zu einer Erhöhung der Anzahl der Väter in Karenz führen und somit Frauen die Karriere erleichtern.

Unterwegs sein – in Netzwerken und auf Veranstaltungen – auffallen und zeigen was FRAU kann. Ein unerschütterlicher Glaube an sich selbst und an das eigene Können in Kombination mit selbstbewusster Überzeugungskraft sind Motor von weiblichen Erfolgen in der „digitalen" IKT-Wirtschaft.

Ich hatte eine gute Basis, weil ich in der Türkei in eine österreichische Schule gegangen bin und die deutsche Sprache beherrsche und auch mit der österreichischen Kultur gut umgehen konnte. Damit hatte ich es als junge türkische Frau sicher leichter in der IKT.

Was wollen Sie unseren LeserInnen noch mitgeben?

Den Netzwerken eine Chance geben und diese nutzen. Man muss unterwegs sein, auffallen und auch zeigen, was man kann. Aber nicht nur Frauennetzwerke besuchen, sondern auch mit Männern Kontakt halten. ■

Mag. Meral Akin-Hecke, Vorstand Digitalks, Netzwerk für digitale Medien

Im Jahr 2007 gründete und startete Akin-Hecke Digitalks!, das Netzwerk für digitale Medien in Wien. Seit September 2008 ist sie daneben auch als Unternehmensberaterin für Online Medien tätig.
Die im Jahre 1970 in der Türkei geborene Akin-Hecke besuchte das österreichische „St. Georgs-Kolleg" in Istanbul, studierte Wirtschaftsinformatik an der Technischen Universität und absolvierte ihr Auslandssemester an der Miami University Oxford in Ohio.
Projektleitungskompetenz und Erfahrung in der Beratung mit Industriekunden erlangte sie bei SAP Türkiye, Istanbul und bei SAP Österreich GmbH in Wien. Im Jahr 2007 war Akin-Hecke für den ORF als Projektleiterin und Beraterin für interne SAP Projekte tätig.
Während der Karenz bildete sie sich weiter mit der Seminarreihe „Aktuelle Themen im e-business" an der TU Wien und bei den DITACT Women's Studies in Salzburg „web usability".
Auch in ihrer Freizeit beschäftigt sich Akin-Hecke mit „neuen" Medien, erfreut sich daneben aber auch an Jazz und Bergsteigen. ■

Do a good jo

AND TALK ABOUT IT!

ULRIKE ANNA MARIA FOISNER
Manager Finance und HR Österreich und Südosteuropa
FUJITSU TECHNOLOGY SOLUTIONS GesmbH

Frau Foisner, Sie sind HR Managerin und erlauben Sie uns, zu sagen, damit neben dem Finance in einem typischen weiblichen Berufsbereich unterwegs.

Das stimmt, HR und Finanz sind „fest“ in weiblicher Hand, doch bei uns im Unternehmen ist das nicht so – eigentlich sind das auch hier im Hause männlich dominierte Bereiche. Fast das gesamte Kollegium im Finanzbereich ist männlich. In anderen Unternehmen hat man die Erfahrung gemacht, dass wenigstens der HR Bereich weiblich ist, aber auch das stimmt bei uns nicht. Ich persönlich habe mich aber sehr bewusst für ein IT Unternehmen entschieden und mich entsprechend beworben.

Liegt das an der Firmenkultur von Fujitsu?

Das liegt sicher in erster Linie daran, dass wir ein IKT Unternehmen sind und dann auch daran, dass wir historisch von der Siemens kommen und noch viele „Siemensianer“ bei uns im Unternehmen haben. Unser Mutterunternehmen kommt aus Japan und dieses Land ist sicher auch sehr maskulin geprägt. Ich möchte hier nicht den Eindruck erwecken, dass es den Frauen in der IT allgemein schlecht geht, oder sie sich prinzipiell diskriminiert fühlen. Bei einem Benchmarking unseres Unternehmens hat die gefühlte Gleichbehandlung der Frauen sogar hervorragende Ergebnisse gezeigt. Im Tagesgeschäft ist das auch so. Keiner wird aufgrund seines Geschlechts schlechter behandelt, nicht ernst genommen oder offen benachteiligt. Dennoch möchten und sollten wir als Frauen verstärkt auch die IT Branche mit unseren Fähigkeiten bereichern, sowohl als Fach – wie auch als Führungskraft!

Haben Sie Skepsis gespürt, als Sie in die IT gekommen sind oder Diskriminierung erlebt?

Nein, habe ich nie gespürt. Persönlich fühle ich mich als weibliche Führungskraft in der IT zwar in der Minderheit, dennoch bietet gerade diese moderne, flexible und ständig im Fluss befindliche Branche viele Lern- und Entwicklungsmöglichkeiten. Ich denke, dass diese Branche für offene Frauen viele interessante Möglichkeiten bereit hält und ich möchte Frauen auch ermutigen, in unsere Zukunftsbranche einzusteigen. Sie hält für eine Vielzahl an Qualifikationsprofilen herausfordernde und spannende Aufgaben und Wege bereit – auch nach ganz oben.

Sie haben gesagt, Sie haben sich bewusst für ein IT Unternehmen beworben. Welche Motivation stand da dahinter?

Ich habe als Kind schon eher dem maskulinen Geschlecht zugeordnete Interessen gehabt und habe die Puppe aus dem Puppenwagen verbannt, dafür die Autos hineingegeben und herumgeführt. Ich habe einen älteren Bruder und habe mit ihm und seinen Freunden immer Computerspiele gespielt. Ich bin auch eine Gamerin und habe früher oft an LAN Partys teilgenommen und ich kann mich erinnern, dass dabei von 500 Gamern außer mir nur noch eine weitere Frau war.

Sie meinen also, Frauen sollen ihre Vorstellungen auch einfordern. Glauben Sie, dass Frauen das auch wirklich dürfen, ohne mit Konsequenzen rechnen zu müssen?

Frauen müssen einfach ihre Vorstellungen klar artikulieren und laut „Hier!" rufen. Es gibt keine negativen Konsequenzen zu befürchten. Ich gebe ihnen ein typisches Beispiel aus meinem Berufsleben: Ich bin für den Ost- und Südosteuropäischen Raum für die HR verantwortlich und eine Kollegin aus Rumänien, mit der ich telefonierte, erzählte mir nach Gehaltsverhandlungen: „Schau Ulli, ich bin jetzt schon einige Jahre bei den Gehaltserhöhungen nicht bedacht worden." BEDACHT! – alleine der Begriff ist schon spannend. Die Gehaltserhöhung kommt demnach von außen und man wird bedacht, wenn man gute Arbeit geleistet hat und es irgendjemand hoffentlich bemerkt. Die Kollegin weiter: „ Ich verstehe die Situation unseres Unternehmens und weiß, dass wir schwierige Zeiten haben und frage daher gar nicht nach einer Erhöhung. Ich ärgere mich dann aber, wenn meine Kollegen einfach eine Erhöhung fordern und diese dann auch bekommen."

„Frauen sind ihrem Unternehmen gegenüber loyal – Gehalt ist nur selten ein Grund für einen Wechsel, viel eher das Arbeitsklima. Eine hohe Frauenquote wird daher oft als Gütesiegel/Garant für eine gute Unternehmenskultur gesehen."

Diese Kollegin hat aus Loyalität zum Unternehmen nicht nach einem besseren Einkommen verlangt und ist überrascht und verärgert, wenn es ihre männlichen Kollegen machen.

Frauen agieren hier wohl sehr antizipativ vorgreifend und sehr umfassend denkend und wahrnehmend im Unternehmen. Wir haben auch festgestellt, dass Frauen darauf achten wie es den MitarbeiterInnen im Haus geht, wie den KollegInnen. Gibt es eigene Programme bei Ihnen im Haus, Frauen spezifisch zu fördern?

Es gibt Mitarbeiterförderprogramme und Programme für Spitzenpositionen, wie „Leadership" und „myfuture." Ich achte dabei darauf, genügend Frauen in diese Programme zu bekommen. Wir haben einen generellen Frauenanteil im Unternehmen von 30%, das ist für ein IT Haus sehr gut. In der Führungsebene sind wir noch ein wenig schwach besetzt, wir sind aktuell 2 Frauen mit Leitungsverantwortung bei 300 Mitarbeitern. Daher möchte ich vor allem Frauen motivieren, an den Programmen teilzunehmen.

Hat diese Technikprägung in der Jugend und Kindheit bei Ihnen geholfen, dass Sie sich dann für ein IT Unternehmen entschieden haben?

„Männliche Seilschaften sind mit ein Grund für das Ungleichgewicht und können mit der Quotenregelung durchbrochen werden"

Ich habe es sehr einfach, meine Firma produziert etwas, dass man in die Hand nehmen kann und jeder hat einmal mit einem Computer oder Laptop zu tun. Ich meine, Frauen sollten sich mehr für diesen Bereich interessieren und ich glaube nicht, dass es alleine durch die Prägung in der Familie oder durch die Erziehung getan ist. Es ist eine gesellschaftliche Veränderung, die wir hier brauchen. Das gesellschaftliche Gesamtbild, das auch durch die Medien und die Werbung geprägt wird, gehört dringend verändert. Hier sehen wir immer noch Männer in der Werbung, wenn es um technische Geräte geht und Frauen, wenn es um Waschmittel oder kleine Autos geht. Damit werden die klassischen Rollenbilder weiter indiziert.

Würden Sie sagen, dass die IKT Welt Frauen immer noch abschreckt, weil sie vom Image her immer noch sehr stark technisch wahrgenommen wird?

Wir sind schon sehr stark Consulting orientiert als Untenehmen und das kommt den Talenten von Frauen schon sehr entgegen. Leider wird das draußen noch nicht so gesehen und wahrgenommen. Die Vorstellung ist immer noch, dass nur brave Kaufmänner und Techniker gesucht werden, dabei sind wir eine Unternehmensberatung und suchen vor allem Lösungsarchitekten und -innen.

„... in vielen anderen Ländern ist es an der Tagesordnung, dass Frauen in allen Bereichen tätig sind und auch Kinder bekommen.“

Wir haben auch identifiziert, dass die IKT Branche eigentlich für Frauen optimal ist. Trotzdem gibt es noch immer so wenige Frauen hier. Woran liegt das?

Daran, dass Frauen sich noch nicht in die technischen Ausbildungen trauen und für das Entwickeln einer Softwarelösung braucht man schon einen technischen Hintergrund. Es gibt zu wenige TU Absolventinnen und zu wenige HTL Absolventinnen, damit bewerben sich auch weniger Frauen bei uns für diese Bereiche und noch weniger können damit auch an die Spitze kommen. Wir haben auch sehr wenige Frauen im Vertriebsbereich, weil der Job sehr schwierig mit der Familie zu vereinbaren ist.

Das bedeutet, dass der Vertriebsbereich eigentlich sehr geeignet ist für Frauen, aber aufgrund der Vereinbarkeit mit Kindern von den Frauen nicht gewählt wird?

Grundsätzlich wäre eine Vereinbarkeit schon gegeben, in vielen anderen Ländern ist es an der Tagesordnung, dass Frauen in allen Bereichen tätig sind und auch Kinder bekommen und dann sowohl der Mann als auch die Frau Stunden reduzieren kann und aber auch weiter Karriere machen kann, wenn sie möchte. Es ist gesellschaftlich bei uns noch nicht akzeptiert und gerne gesehen, wenn Frauen nur kurz zu Hause bleiben und weiter ihrem Beruf nachgehen. Das Unternehmen hätte damit gar kein Problem, ganz im Gegenteil es ist von großem Vorteil, wenn Frauen im Unternehmen bleiben.

Wie meinen Sie das konkret, das Unternehmen hätte einen Vorteil und welche Maßnahmen können hier kommuniziert werden?

Dazu gehört auf jeden Fall eine Bewusstmachung des derzeitigen Zustandes und der damit verbundenen Nachteile sowie die potentiellen Vorteile einer höheren Frauenbeschäftigungs- und Führungskräftequote. Zu sehr ist die „Männer"-Realität gerade in der IT oft schon akzeptiert, aktive Frauenförderung kaum ein Thema. Ein paar Aushängeschilder pro Unternehmen sollen da oft ausreichen, um den Eindruck von Geschlechterneutralität bzw. sogar aktiver Frauenförderung zu erwecken. An der Gesamtsituation wird oft nur wenig geändert. Dabei können Frauen viel beitragen. Ohne eine große Unterschiedsdiskussion starten zu wollen, seien hier doch einige bekannte Aspekte, die auch meiner Erfahrung entsprechen, genannt: Frauen sind ihrem Unternehmen gegenüber loyal – Gehalt ist nur selten ein Grund für einen Wechsel, da schon viel eher das Arbeitsklima. Eine hohe Frauenquote wird daher oft als Gütesiegel/Garant für eine gute Unternehmenskultur gesehen. Dass mixed Teams besser performen als reine Frauen- oder Männerteams, ist durch viele empirische Studien belegt. Auch ist bekannt, dass Diversity ganz generell im Gegensatz zur Homogenität der Belegschaft das Kreativitäts- und Problemlösungspotenzial im Unternehmen fördert. Gerade in der modernen IT Branche, zu der wir als innovativer IT Serviceanbeiter gehören ein enorm wichtiges Asset bezüglich Humankapital!

Wir stellen allen Frauen, die Frage ob sie persönlich netzwerken. Wie sieht es hier bei Ihnen aus bzw. gibt es auch einen Unterschied in der Art des Netzwerkens?

Mein Freund ist auch in der Branche und im Vertrieb und er netzwerkt ganz anders und viel intensiver als ich. Ich bemerke auch, wie die Kollegen öfters noch nach der Arbeit auf ein Bier gehen und sich einfach öfters treffen. Ich persönlich verbringe die Zeit, die mir noch bleibt lieber mit meinen Freunden und Menschen, die ich gerne habe und die mich in meiner Persönlichkeitsentwicklung weiterbringen und nicht mit Menschen, die mir vielleicht einmal beruflich helfen könnten.

Es wäre aber gerade auch für Frauen in der Managemententwicklung ganz besonders wichtig, dass sie auch netzwerken. Sehen Sie das nicht so?

Ich netzwerke nur, wenn es gerade sein muss und dann nur im Firmeninteresse und nicht in meinem eigenen Interesse. Aber vielleicht entwickelt sich das in den nächsten Jahren noch in eine andere Richtung.

Sie sind für einen internationalen Bereich verantwortlich. Sehen Sie einen Unterschied gerade in der Frage nach dem gesellschaftlichen Gesamtbild?

Ich sehe einen Unterschied, weil es innerhalb der IT in Südosteuropa so gut wie keine Geschlechterdifferenzierung gibt. Wir haben dort einen 50/50 Anteil und die einzige weibliche CEO gab es in einem dieser Länder. Das liegt vor allem daran, dass Frauen zu einem großen Anteil eine technische Ausbildung haben und sehr qualifiziert auf den Arbeitsmarkt kommen. Das ist sicher eine Spätfolge des Kommunismus. Wir haben auch extrem viele weibliche Vertriebsmitarbeiterinnen und auch Frauen mit Kindern in Spitzenpositionen. Es ist in diesen Ländern einfach ein gleichberechtigteres und partnerschaflticheres Klima.

Die Quote ist ein bekanntes Werkzeug, um gläserne Decken zu durchstoßen. Wie stehen Sie persönlich zur Quotendiskussion?

Ich mache mich jetzt sicher unbeliebt, aber ich bin eine Befürworterin der Quote.

Gerade auf Geschäftsführungs- und Vorstandsebene könnte ein Sicherstellen eines gewissen Frauenanteils – auch wenn er wirklich durch eine Quote implementiert werden muss – sich für die Pluralität des Gesamtunternehmens positiv auswirken. Denkbar wäre hier eine Quotenregelung, die ein maximales Geschlechtsungleichgewicht – in beide Richtungen – von z.B. 70:30 zulässt. Wird dieser Anteil unterschritten, muss der nächste Delegierte dem jeweils unterrepräsentierten Geschlecht angehören.

Wieso glauben Sie, dass Sie sich jetzt unbeliebt gemacht haben?

Ich habe das Gefühl, dass man dann oft als Emanze beschimpft wird, was für mich kein Schimpfwort ist. Aber die Quote stößt bei vielen Menschen auf Ablehnung, weil sie glauben, dies ist mit schlechter Qualifikation gleichgestellt oder die Selbstbestimmung bei der Auswahl der Mitarbeiter sei eingeschränkt. Außerdem kann ich dann nicht den „supertollen männlichen Kollegen, mit dem ich immer ein Bier trinken gehe“, rekrutieren. Diese männlichen Seilschaften sind mit ein Grund für das Ungleichgewicht und können mit der Quotenregelung durchbrochen werden.

Also empfehlen Sie die Quote?

Ich glaube es braucht ein Bündel von Maßnahmen, angefangen von der Quote über die Förderung von Frauen in technischen Ausbildungen, die gesellschaftliche Veränderung von Rollenbildern und die Maßnahmen, die auch im Unternehmen umgesetzt werden können. Das beginnt im Recruiting beispielsweise mit der Auswahl an möglichst geschlechtsneutralen Medien. Konkret wären das Onlinejobbörsen – hier ist die Erreichbarkeit von weiblichen KandidatInnen wesentlich besser als in dem einen oder anderen Fachmagazin. Auch in der Personalentwicklung dürfen Frauen – auch wenn sie sich in einer Kinderbetreuungsphase, wie beispielsweise der Elternteilzeit befinden – nicht vergessen werden. Oft werden ja auch gerade Teilzeitmitarbeiter nicht in demselben Ausmaß wie ihre Vollzeitkollegen in Mitarbeitergespräche, Karriereplanung sowie Fort- und Weiterbildung miteinbezogen. Gerade auch Karenzlerinnen dürfen nicht komplett außen vor bleiben. Denkbar – und bei uns auch umgesetzt – sind geringfügige Beschäftigungen während der Karenzzeit – eventuell mit Homeoffice Anteil – um sicherzustellen, dass die Mitarbeiter den Anschluss nicht verlieren.

„Das gesellschaftliche Gesamtbild, das auch durch die Medien und die Werbung geprägt wird, gehört dringend verändert."

Welche Erfahrungen haben Sie hier in der Praxis?

Teilzeitmitarbeiterinnen sind oft Mitarbeiter zweiter Klasse, obwohl diese gerade sehr produktiv tätig sind. Da gibt es keine Zigarettenpausen und nur eine Kaffeepause etc. Ich habe auch schon erlebt, dass oft männliche Vorgesetzte von Teilzeitlerinnen denken, die hätten sich schon für die Familie entschieden. So als wäre die Entscheidung in der Vergangenheit mit der Karenz schon getroffen worden, dass diese Frau den Job nur macht, um die Existenz zu sichern, aber nicht mehr, um Karriere zu machen, sonst hätte sie ja kein Kind bekommen. Diese Frauen werden nicht einmal mehr in die Mitarbeitergespräche aufgenommen. Ich versuche hier intensiv eine Veränderung der Vorstellungen in den Köpfen zu erreichen und auch Männer zu motivieren, dass es gewünscht und erlaubt ist, auch als Mann in Karenz zu gehen. Sonst wird das weiterhin ein sich selbst verstärkendes Phänomen bleiben. Darum glaube ich auch, dass eine Quote uns viel helfen kann.

Fakt ist, Frauen sind unterrepräsentiert in Führungs- und Entscheidungspositionen. Fakt ist auch, dass Frauen quer durch die IT Branche auf allen Hierarchieebenen die Minderheit der Mitarbeiter stellen. Diese Tatsachen werden seit vielen Jahren sowohl in den Medien wie auch in der Politik diskutiert, „gender mainstreaming" ist – obwohl nicht neu – noch immer ein heißes Thema angesichts unserer Gesellschaftsrealität (der Begriff wurde bereits im Rahmen der 3. Weltfrauenkonferenz der UN 1985 geprägt).

Ursachenforschung für diese demographische Ungleichverteilung zwischen Männern und Frauen (wie zum Beispiel die Theorie der tradierten Rollenbilder durch Erziehung und Sozialisation) sowohl zwischen Branchen als auch zwischen Hierarchieebenen würde hier den Rahmen sprengen und sei damit anderen überlassen. Als Human Resources Praktikerin interessiert mich vor allem, wie wir (besonders auch als weibliche Führungskräfte) diese Situation beeinflussen können. Ein Patentrezept gibt es dafür nicht, nur Ansatzpunkte die meiner Meinung nach Bewegung in die sich nur sehr langsam ändernde Situation bringen können.

Was wollen Sie den Frauen mit auf den Weg geben?

Mit auf den Weg geben möchte ich meinen Geschlechtsgenossinnen nur einen kurzen Tipp, den Rest wissen wir klugen Frauen schon selbst: „Do a good job and talk about it!" Stellt euer Licht nicht unter den Scheffel – wir sind, wenn auch noch in der Minderheit – genauso toll wie unsere männlichen Kollegen.

i Aus der Sicht der Herausgeberinnen

Menschen werden in ihrem Handeln und in ihren Entscheidungen sehr stark auch von den gesellschaftlich akzeptierten Normen und Werten beeinflusst. Politik, Religion, Medien und Werbung prägen diese Werte durch ihre Darstellungen und Vorbilder bzw. Maßnahmen. Wir sollten daher viel aufmerksamer wahrnehmen, welche (Rollen)Bilder uns zum Beispiel durch Werbung vermittelt werden.

Viele Diskriminierungen liegen nicht im systematischen Aufbau eines Unternehmens oder in der Unternehmenskultur, sondern kommen aus den Köpfen der einzelnen Menschen selbst.

Meine Erfahrung zeigt, dass wir uns oft nicht gut genug verkaufen und dazu tendieren, unser Licht unter den Scheffel zu stellen. Mehr Mut, meine lieben Damen! ■

Mag. Ulrike Foisner, Manager Finance & HR Österreich und Südosteuropa, FUJITSU TECHNOLOGY SOLUTIONS GesmbH

Die bekennende und leidenschaftliche Gamerin Ulrike Foisner hat bereits während Ihres Betriebswirtschaftsstudiums an der Wirtschaftsuniversität Wien, welches Sie im Dezember 2007 abgeschlossen hat, Verkaufs- und Wirtschaftserfahrung in unterschiedlichen Branchen gewinnen können. Internationale Erfahrung konnte Sie bereits vor ihrem Berufseintritt im Rahmen von zwei Auslandssemestern (St.Gallen/Schweiz und Chiang Mai/Thailand) erwerben.

Ihre Affinität zu technischen und beratungsrelevanten Fragestellungen konnte sie studienbegleitend unter anderem als Shop Assistant für IT-Hardware bei Media Markt in den Jahren 2002 bis 2004, sowie als Vertriebsmitarbieterin des internet startups www.imove.at 2006 unter Beweis stellen. Nach einem kurzen Ausflug in die Welt der Automobile, wo Frau Foisner bei BMW in München ein HR program management Internship (Themengebiet Implementierung von HR Informationssystemen) absolvierte, erfolgte im Jänner 2008 der Einstieg bei Fujitsu Technology Solutions als HR Specialist South Eastern Europe (SEE). 2009 erweiterte sich das Aufgabenspektrum um Financeagenden für SEE als Manager Finance + HR.

Aktuell ist Frau Foisner als HR Managerin für Österreich und Südosteuropa zuständig. Frau Foisner liegen hier ganz besonders Themen, wie Work-Life-Balance, Personalentwicklung und Empowerment am Herzen.

Neben dem Gaming findet Frau Foisner Entspannung auf Klettersteigen in den Bergen, sowie auch beim Tauchen und Segeln. ■

ARBEIT

...DARF SPASS MACHEN

BARBARA AURACHER-JÄGER
Juristische Chefredakteurin, HELP.gv.at

Viele verstehen unter IKT leider entweder nur Leitungen oder Telcos. Wir versuchen mit diesem Buch die faszinierende Bandbereite der IKT aufzuzeigen und dabei gleichzeitig deren weibliche Top-Player „vor den Vorhang zu holen".

Ich freue mich auf ihr Projekt und das Interview, denn ich habe den Eindruck, dass nun wirklich sehr viele unterschiedliche Personen und Institutionen erkennen, dass IKT nicht nur aus der klassischen Technik besteht, sondern auch massiv Content beinhaltet. Zu uns kommen nun vermehrt auch Magazine, die sich erkundigen, was wir hier bei „HELP.gv.at" eigentlich machen und warum wir das machen.

Bei der Recherche zum Buch haben wir bemerkt, dass in einigen IKT-Bereichen fast überhaupt keine Frauen vorkommen – in anderen Bereichen es inzwischen schon sehr kompetente Frauen gibt. Wie sehen Sie das?

Wir haben seit 3 Wochen eine Ferialpraktikantin bei uns, die ich deshalb eingestellt habe, weil sie eine Laptopklasse besucht. Ich dachte mir also, diese junge Frau ist sicher IKT – affin, ausgebildet und entsprechend erfahren, auch was die Komplexität von IKT und Content betrifft und wie sehr beides miteinander verwoben ist. Leider stimmte das so nicht ganz, weil es anscheinend wenig Kausalität zwischen einer Laptopklasse und dem IT-Verständnis gibt. Inzwischen ist sie von diesem Bereich absolut fasziniert und begeistert, was sich hier „so abspielt".

Wie kommt eine Juristin eigentlich zu diesem Thema? Wie wird man als Juristin zur Chefin der Redaktion des größten e-government Portals in Österreich?

Ich war ja nicht immer Juristin. Mit 19 war ich total hungrig auf das Berufsleben und habe nach der Matura am Gymnasium und anschließender HAK bei der Kongressleitung in Salzburg begonnen – im Bereich Organisation und PR. Die PR steckte damals noch in den Kinderschuhen und so habe ich automatisch aus mir selbst heraus einen großen Medienbezug entwickelt. Doch fehlte mir längerfristig die geistige Herausforderung. Ich begann daher – nebenbei – mit dem Jusstudium, welches ich dann in Wien beendet habe. Für mich war jedoch immer klar, dass ich einen Beruf brauche und suchen werde, wo die Bereiche Recht und Kommunikation zusammenspielen.

„Wo Männer einfach besser sind ist das ‚Netzwerken'."

Als ich dann in der Parlamentsdirektion gearbeitet habe, habe ich erkannt, dass unsere Gesetze so kompliziert zu lesen sind, dass ein Nicht – Jurist diese kaum bis gar nicht verstehen kann. Ich habe es als meine Aufgabe gesehen, eine Möglichkeit zu finden, juristische Texte so zu transformieren, dass sie im Inhalt nicht an Qualität verlieren aber für jeden, der es möchte, verständlich sind. Daher habe ich die Agentur „RechtVerständlich" gegründet und auf selbstständiger Basis gearbeitet.

Das bedeutet, die Übernahme der Redaktion von „HELP.gv.at" ist eigentlich die logische Fortsetzung der von Ihnen gegründeten Agentur und im Kern machen Sie nun genau das, was Sie bereits als Selbständige gemacht haben, nun eben für die Republik?

Genau, es gibt diesen Standardsatz im juristischen: „Unwissenheit schützt vor Strafe nicht!" Ich glaube aber, dass es aufgrund der Komplexität der Gesetzte inzwischen eine staatspolitische Verantwortung des Gesetzgebers gibt, die Regeln so zu kommunizieren, dass sie auch verstanden werden können. Unsere Aufgabe ist genau dies, mit Hilfe der IKT umzusetzen, dem Bürger die juristischen Vorschriften verständlich aufzubereiten und bürokratische Wege zu erleichtern. Der Bürger soll dabei die Garantie haben, dass er sich auf die Qualität und Richtigkeit der Inhalte verlassen kann, darum braucht es neben der IKT auch spezifisches juristisches Fachwissen. Dabei muss man sich auch trauen, ein wenig juristische Unschärfe in Kauf zu nehmen, um verständlich „rüber zu kommen“ und die Menschen zu erreichen.

Im Bereich“ e-government“ geht es ja um den positiven Ansatz, Menschen zu motivieren, eine neue Dienstleistung in Anspruch zu nehmen und Behördenwege zu erleichtern. Analysen sagen, dass die Angebote in Österreich zwar sehr gut sind, aber die Nutzung noch nicht wirklich überzeugend. Wie sehen sie den Stellenwert von „e-government“ in der Bevölkerung?

Ich denke es ist eine Generationenfrage. Meine Söhne sind 17 und 20 und gehen mit einer derartigen Selbstverständlichkeit mit dem Internet um, die meiner Generation nicht so vertraut ist. Für die Jungen ist es vollkommener Standard, sich alle Informationen über das Internet zu suchen. Mein Älterer hat einen Ausflug nach München geplant und mich gefragt, was er sich ansehen soll. Ich habe ihm empfohlen, sich in der Buchhandlung einen Stadtführer zu kaufen. Er hat mich vollkommen verständnislos angesehen, weil er derartige Informationen ohnehin im Internet finden kann.

Nun zur Frage Angebot und Nutzung. Es handelt sich hier um ein 3-stufiges System. Erstens die Information, zweitens die Kommunikation und drittens die Transaktion. Die Information muss hundertprozentig stimmen, denn erst wenn sich der Nutzer klar darüber ist, dass diese seriös und vertrauenswürdig ist, kann er sie auch annehmen.

Hier haben wir als „gv.at“ – Internet Adresse sicher einen Vorteil, aber auch wir müssen darauf achten, dass zum Beispiel die Usability in ausreichendem Maße vorhanden ist und die Inhalte mittels einer immer gleichen und daher wiedererkennungsfähigen Darstellung angeboten werden. Bei der Kommunikation geht es dann darum: Kann ich Fragen stellen? Bekomme ich eine Antwort? Wie schnell bekomme ich eine Antwort? Wenn diese Stufen funktionieren und seriös angeboten werden, dann sind Menschen auch bereit, die Transaktion zu tätigen und die „e-government“ Dienstleistungen auch wirklich anzunehmen.

Doch gerade im Verwaltungsbereich geht es auch um die Legitimation, d.h. wer bin ich und bin ich als Person überhaupt befugt, diese Transaktion durchzuführen.

„IKT besteht nicht nur aus der klassischen Technik, sondern beinhaltet auch massiv Content."

Dieser Bereich ist oft noch schwerfällig. Hier haben wir durchaus noch die eine oder andere Herausforderung.

Schwerfällig, weil die Menschen nicht bereit sind, sich zu legitimieren oder weil die Bürokratie nicht flexibel genug ist, eine Legitimation zu ermöglichen?

Nicht die Bürokratie ist schwerfällig, sondern die Technik lässt es noch nicht immer ausreichend zu. Die heute übliche Legitimation ist die Bürgerkarte. Dazu benötigt man meist noch ein eigenes Lesegerät und damit wird es schon schwierig. Die e-Card beispielsweise muss als Signaturkarte aktiviert werden, was in Wien noch ganz gut geht, aber am Land ist das, am Gemeindeamt zum Beispiel, selten möglich. Eine enorme Erleichterung stellt nun die mobile Lösung der Bürgerkarte dar, die „Handysignatur" für Mobiltelefone aller Betreiber. Die großen Vorteile liegen vor allem darin, dass kein Kartenlesegerät und keine Software mehr notwendig sind.

Es muss ganz einfache Lösungen geben. Für mich ist der Zukunftsweg ähnlich einer Bankomatkarte, denn da eröffne ich ein Konto und bekomme automatisch einen Code und damit überall mein Geld aus dem Automaten – egal wo ich bin. Meine Vision ist eine einzige Karte, auf der alle Daten aus meinen Dokumenten gespeichert sind und die damit meine persönliche Dokumentenmappe ersetzt. Ich müsste also nur einmal meine Dokumente vorweisen und dann brauche ich in Zukunft nur mehr diese Karte. Hier gilt es noch entsprechende Technologien zu entwickeln, auch entsprechende Schutzmechanismen für meine persönlichen Daten, sodass ein Identitätsklau nicht möglich ist. Das wäre mein Wunsch als Contentexpertin an die Techniker und Entwickler im Sinne von mehr Bürgerfreundlichkeit.

Wir sind nun sehr ins operative Doing abgeglitten. Lassen Sie uns wieder zurück kommen auf die Rolle der Frau in der IKT.

Wir erleben, dass überall dort wo Frauen in den unterschiedlichsten IKT-Bereichen tätig sind, Themen wie z.B. neue und veränderte Abläufe, meist längst überfällige und notwendige Strukturveränderungen etc. angegangen und umgesetzt werden. Es scheint, als ob Männer in diesen Bereichen sehr oft leider eher eine Ankündigungspolitik verfolgen. Frauen hingegen tun sich den „Kleinkrieg" bzw. die mühsame Handarbeit eher an und gehen auch in die oft langwierige und schwierige Umsetzung komplexer Prozessveränderungen. Sehen Sie das auch so?

Ja, das ist leider so. Auch wenn ich dieses Wort nicht wirklich gerne verwende, aber Frauen sind multitaskingfähiger als Männer und nehmen einfach noch eine Menge Arbeit am Weg mit und erledigen das hier und das dort auch noch. Frauen nehmen diese Baustellen alle wahr und versuchen sie auch gleich mitzulösen.

Was empfehlen Sie Frauen, wenn sie auf der Projektleiterebene stehen bleiben und nicht weiterkommen?

Auf keinen Fall hinnehmen, sondern weiter machen und für den Aufstieg kämpfen, sich auf keinen Fall bremsen lassen!

Ist Ihnen jemals in Ihrer neuen Funktion, die Frage gestellt worden: „Warum leitet eine Frau die Redaktion von „HELP.gv.at?"

Nein, das war nie ein Thema. Als Redaktion sind wir ein privatwirtschaftliches Unternehmen und agieren betriebswirtschaftlich. Das bedeutet auch, dass alle MitarbeiterInnen ihre Leistung mit viel Engagement erbringen müssen und wenn sie das nicht tun, dann gibt es hier keine Zukunft für sie. Ich kann meinen MitarbeiterInnen allerdings auch 100% vertrauen und alle wissen, bei uns ist es sehr angenehm, aber was die Arbeit anbelangt, bin ich gnadenlos. Wir haben allerdings fast ausschließlich mit dem öffentlichen Bereich zu tun, also mit Behörden, Ministerien, Länder und Gemeinden. Hier sind Frauen klar im Vorteil, weil neben Know-How auch sehr viel Geduld und Gelassenheit gefragt sind, um sehr komplexe Bereiche umsetzen zu können.

Was unterscheidet Frauen und Männer signifikant?

Wo Männer einfach besser sind ist das „Netzwerken". Bei Männernetzwerken geht es zwar in der Regel meist ein wenig oberflächlicher zu, den Frauen geht es da sehr oft mehr um Freundschaften, echte Themen, persönliche Bedürfnisse und Befindlichkeiten. Frauen gehen auch nicht so oft auf Netzwerkveranstaltungen nach der Arbeit und sind daher auch namentlich nicht so bekannt. Männer hingegen gehen auch auf derartige Veranstaltungen mit dem Hintergedanken Business zu machen. Für Frauen steht die persönliche Komponente im Vordergrund. Männer gehen meist kurz auf diese Veranstaltungen und gehen dann am selben Abend womöglich noch zur nächsten und übernächsten Veranstaltung. Und wenn dann eine Aufgabe zu vergeben ist, erinnert jemand sich leichter an diesen – männlichen – Namen, weil das Gesicht dazu immer wieder gesehen wurde. Ich persönlich tue mir da schwer, weil ich von meinem Verantwortungsgefühl und Respekt her lieber auf einer Veranstaltung bleibe und auch ganz dort bin mit meinen Gedanken.

Die Frage ist, was will man persönlich, wie soll der individuelle persönliche Alltag aussehen?

Wir stellen allen Frauen die Frage, ob es einen Preis für ihre Karriere gibt?

Jetzt nicht mehr, weil meine Kinder bereits groß genug sind. Es hat aber in der Vergangenheit einen gegeben. Ich habe meine Karriere nach 10 intensiven Berufsjahren an der Spitze in Salzburg wegen der Kinder aufgegeben und habe nach dem Studium noch einmal von vorne begonnen. Der Preis war wohl wahrscheinlich, Zeit und Raum für mich zu haben, da ich jede freie Zeit neben dem Beruf meinen Kindern gewidmet habe. Es hat sich aber gelohnt, denn wenn ich mir meine Söhne so anschaue und sehe, welch großartigen Männer aus ihnen geworden sind, dann weiß ich genau: das war es wirklich wert!

Viele Frauen an der Spitze haben ein bewegtes, ein anderes Leben? Was macht es aus? Was zeichnet diese Frauen aus?

Wahrscheinlich liegt es an der Persönlichkeitsstruktur. Ich denke mir auch oft, dass ich so intensiv gelebt habe wie für 5 andere Menschen zusammen. Die Frage ist, was will man persönlich, wie soll der individuelle persönliche Alltag aussehen? Jeder bzw. jede ist anders glücklich mit seinem bzw. ihrem Leben und für alle Frauen gilt sicher nicht, was für mich gilt und schon gar nicht, was für mich wichtig ist.

Was wollen Sie den jungen Frauen mit auf den Weg geben?

Arbeit darf Spaß machen, ist eine meiner Botschaften. Ich bin noch so erzogen worden, dass Arbeit eher mühsam ist und Frauen froh sein sollten, wenn Sie nicht arbeiten müssen. Doch für mich gilt: meine Arbeit macht mir großen Spaß! ■

Aus der Sicht der Herausgeberinnen

Der Content-Bereich stellt in der IKT-Wirtschaft eine der wichtigsten Säulen dar und sollte daher unbedingt den gleichen Stellenwert erhalten, wie technische oder vertriebliche Aspekte / Bereiche diesen längst inne haben. Frauen finden in eher contentlastigen Aufgabengebieten und Themenstellungen sehr oft eine gute berufliche Heimat, da sehr kommunikative und kreative Stellenbeschreibungen dahinter stehen und sich Job-Angebote für ganz unterschiedliche Ausbildungswege, wie etwa Jus, Betriebswirtschaft, Publizistik, u.v.m. finden lassen.

Recht verständlich „unters Volk" zu bringen, wird, ob der zunehmenden Komplexität immer bedeutender und ist ein wesentlicher Bestandteil für eine funktionierende Demokratie und Ökonomie. Internet & Co bieten hilfreiche digitale Möglichkeiten und Werkzeuge. Doch was wären diese Instrumente & Tools ohne den Faktor Mensch, denn trotz technischer Fortschritte sind es Menschen, die Rechtstexte in verständliche Sprache transformieren – und das ist gut so!

Dr. Barbara Auracher-Jäger, Juristische Chefredakteurin, HELP.gv.at

Geboren 1959 in Salzburg, begann Auracher-Jäger ihre Berufstätigkeit im Jahr 1979 mit der Leitung der Direktionsabteilung Organisation und Durchführung des Kongresszentrums Salzburg. 1986 übernahm sie die Leitung des Messe-Kongresszentrums in Salzburg und war gleichzeitig Generalsekretärin des Internationalen Congress Institutes.

Im Jahr 1988 übersiedelte Auracher-Jäger nach Wien und schloss im Jahr 1991 ihr neben der Berufstätigkeit begonnenes Diplomstudium der Rechtswissenschaften ab. Anschließend absolvierte sie ihr Doktoratsstudium und promovierte im Jahr 1997. Mit dem College „Unternehmenskommunikation" der Werbeakademie am WIFI Wien und der folgenden Graduierung zur Kommunikationsfachfrau im Jahr 1998 erweiterte Auracher-Jäger ihren Kompetenzbereich. Ab dem Jahr 1998 war sie in der Parlamentsdirektion in Wien für Öffentlichkeitsarbeit und für Parlamentarismus- und Demokratieverständnis verantwortlich.

Im Jahr 2003 übernahm Auracher-Jäger die Leitung der Abteilung Recht eines großen österreichischen Autofahrerklubs und war für das Management aller unternehmensrechtlichen und vereinsrechtlichen Agenden verantwortlich.

Seit 2007 ist Auracher-Jäger mit ihrer „AGENTUR RECHTVERSTÄNDLICH" als namhafte und unabhängige Rechtsexpertin darauf spezialisiert, die Welt der Gesetze einfach und durchschaubar zu machen. Sie formuliert Gesetzesinhalte aus allen Rechtsgebieten in allgemein verständlicher Sprache und macht sie so zu Allgemeinwissen für jedermann.

Mit 1. Juni 2009 übernahm Auracher-Jäger die gesamte redaktionelle Leitung der beiden Internetplattformen „HELP.gv.at" und „USP.gv.at" (Unternehmensserviceportal).

MIT MUT UND

SELBSTVERTRAUEN

MICHAELA NOVAK-CHAID
Direktorin Imaging & Printing Group
HEWLETT-PACKARD Österreich

Frau Novak-Chaid, Sie kommen ja eigentlich aus der „Finanz-Welt". Gab es da für Sie eine Hürde, beim Wechsel in die „Technik-Welt"? Vor allem in Bezug auf den nicht vorhandenen technischen Ausbildungshintergrund, der ja sehr oft als Argument verwendet wird, warum es so wenige Frauen in Führungspositionen in der IT gibt?

Fehlende technische Hintergrundkenntnisse sind vielleicht am Anfang eine Hürde, aber diese Kenntnisse kann man sich ja aneignen. Es geht darum, den Frauen Mut zu machen und die Möglichkeiten aufzeigen, welche die IT- und Technik-Welt beinhalten. Keine Zweifel an sich zu haben. Man wächst mit den Aufgaben. Diese Einstellung bemühe ich mich auch, weiterzugeben bzw. vorzuleben.

Gerade für die jüngere Generation heutzutage sind die Einstiegshürden in die IT-Welt sicher nicht mehr unüberwindbar. Junge Frauen sind heute schon viel offener für die IT. Es handelt sich ja schon lange nicht mehr um reine Programmiertätigkeiten, es gibt viele andere herausfordernde und spannende Tätigkeiten innerhalb der IT.

Aufgrund der modernen Technologien, die gerade in IT-Unternehmen zur Verfügung stehen, bietet diese Branche eine Vielzahl von Möglichkeiten, Karriere und persönliche Zeiteinteilung zu vereinbaren. Der Einsatz von e-Mails, Telefon und Videokonferenzen, Webcasts und ähnlichen Tools ermöglicht mir immer wieder, Dinge auch von zu Hause oder von unterwegs zu erledigen. Ich spare dann damit jene Zeit, die für Hin- und Rückfahrt ins Büro nötig wäre und gewinne Flexibilität, die ich für mich und meine Familie einsetzen kann.

Durchaus, aber wir haben im Rahmen der Interviews und generell den Eindruck gewonnen, dass es sich schon noch um klassische Rollenbild-Themen handelt und wir noch lange nicht so weit sind, dass Frauen in der IKT keine Barrieren oder Einstiegshürden für sich sehen würden. Wie sehen Sie das?

Es kann durchaus sein, dass das noch 1 bis 2 Generationen dauert, bis wir das klassische Rollenverhalten gänzlich abgelegt haben. Ich selbst versuche, meiner Tochter ein Vorbild zu sein und Ihr diese Aufgeschlossenheit vorzuleben. Ich glaube aber auch, dass bei den jungen Menschen heutzutage sich diesbezüglich schon sehr viel getan hat. Auch wenn diese gesellschaftliche Veränderung sicher keine „Revolution" sein wird, bin ich überzeugt davon, dass es kommen wird und es hat sich ja schon vieles zum Positiven verändert, zumindest gegenüber der Generation unserer Eltern. Die nächste Generation wird wieder einen Schritt weiter vorankommen.

Hoffentlich! Aber wir stellen nur leider doch noch oft eine „zurück an den Herd" Tendenz fest, sicherlich nicht bei Ihnen. Wenn wir uns Ihren Lebenslauf anschauen, sehen wir einen sehr internationalen Background – auch innerhalb Ihrer Familie. Glauben Sie nicht, dass Sie hier eher die Ausnahme denn die Regel darstellen?

Kann sein, aber das hat ja auch einen Grund (*lacht*). Ich glaube meine Offenheit für die Welt ist mir in die Wiege gelegt worden. Wobei ich gar nicht denke, dass meine Eltern das sehr bewusst gesteuert haben. Sie haben mir eben Werte vermittelt bzw. eine gewisse Neugierde d.h. mich ermuntert und angehalten, neugierig zu sein, offen für die Welt und was da so kommt. Ich glaube, das ist generell ein Kernantrieb von mir selbst und ein wesentlicher Teil meiner Persönlichkeit, offen und neugierig auf die Dinge zuzugehen.

Wobei ich festhalten möchte, dass ich ein wunderbares Netzwerk habe und mich mein (amerikanischer) Mann sehr unterstützt.

Frau Novak-Chaid, Ihre Offenheit und Bereitschaft auch Neues anzugehen, sieht man ja auch sehr schön an Ihrem Lebenslauf. Der zeigt Sprünge und Wechsel und ist bei aller Kontinuität auf dem Karriereweg nach oben durchaus sehr bunt.

Es geht darum, den Frauen Mut zu machen und die Möglichkeiten aufzeigen, welche die IT- und Technik Welt beinhalten.

Ja das stimmt. Ich suche immer wieder die Herausforderung. Wobei ich aber kein „Springer“ bin. Ich möchte das dann schon auch ein paar Jahre lang machen/umsetzen, was ich begonnen habe. Aber die Neugierde, ja die glaube ich, wird mich ein Leben lang begleiten.

Wir haben in unseren Recherchen bei den Interviews gesehen, dass diese Aufgeschlossenheit für Neues Personen an die Spitze treibt. Sie sind auch innerhalb Ihrer Verwendungsfunktionen immer wieder gewechselt. In jüngerer Zeit zwischen der Position als Finanzdirektorin und nun zum Country Manager Imaging & Printing Group. Auch das ist eher untypisch. Wie kann man das? Meist ist es doch eigentlich so, einmal Finanzbereich immer Finanzen – oder nicht?

Ja, das ist durchaus richtig. Wobei die Zahlenwelt schon „meine Welt ist“ daher auch die Tätigkeit in der Bank, aber immer in Kombination mit Vertrieb. Das heißt die Kombination, Außen, also der Vertrieb, und Innen, die Zahlen (Geschäftsmodelle, BusinessCases), diese Kombination finde ich einfach faszinierend. Das ist es, was mich wirklich reizt. Die Zahlenwelt in Verbindung mit Kunden zu bringen. Geschäftsmodelle, die es gilt, zu verstehen und umzusetzen. Das ist das Spannungsfeld in dem ich sehr gerne bin. Diese Verbindung ist der rote Faden in meinem Leben. Zu schauen, was draußen

„Mut zur IT! Die IT-Unternehmen sind attraktive Arbeitgeber mit vielfältigen Karrieremöglichkeiten.“

am Markt passiert, aber auch zu schauen, wie reflektiert sich das in den Geschäftsmodellen und -zahlen.

Mein Sprung in die IT kam daher, dass ich sehr fasziniert war von der Dynamik der IT-Welt. Ich war bereits in meiner Tätigkeit bei der Bank davon fasziniert. Die Umbrüche und die Schnelligkeit dieser Branche, das war auch mein „Erwachen". Ich bin dann auch über den Finanzbereich in die HP gekommen. Was mich von Anfang an bei HP begeistert hat, war die Geschwindigkeit – die Dynamik bei Entscheidungen, auch bei kundenrelevanten Themen.

Man sieht es Ihrem Lebenslauf an, dass Sie die Dynamik brauchen. Sie sind mit einem ziemlichen Tempo die Karriereleiter hoch geklettert.
Wir entnehmen Ihren Worten aber auch, dass es durchaus die HP-Unternehmens-

kultur ist, die so spezifisch ist. Es scheint, dass amerikanische Unternehmen generell etwas anders sind. Was sich auch an einer höheren Anzahl von weiblichen Führungskräften widerspiegelt. Hier sind es unserem Eindruck nach u.a. auch die vielen verschiedenen Arbeitszeitmodelle, die meist geboten werden, aber nicht nur. Wie sehen Sie das?

Die amerikanischen Unternehmen haben hier grundsätzlich eine große Offenheit. Es geht weniger um Hierarchien oder den akademischen Hintergrund, es geht um Resultate. Und diese Resultate sieht man nicht an der Anwesenheit der Person. Es wird sehr zielorientiert gearbeitet und man muss seine Ergebnisse bringen. Die Philosophie ist, es zählt das Ergebnis, das Resultat.

Für meine nordischen Kolleginnen ist das ganz normal, dass Vaterschaftsurlaub genommen wird, die Männer sich um die Kinder kümmern. Dort ist es gesellschaftlich vollkommen akzeptiert, dass man sich die Kinderbetreuung aufteilt. Ich selbst versuche vorzuleben, dass es auch bei uns möglich ist.

Das ist spannend. Sie sind eine der wenigen Führungskräfte, die Kinder hat. Wir versuchen auch der Frage nachzugehen, warum so wenige Frauen in der Branche Kinder haben. Was denken Sie?

Ja, das ist schade, dass es so ist. Wichtig ist ein Netzwerk und die Unterstützung des Partners, es müssen beide Partner daran arbeiten – eingebunden in ein entsprechendes Netzwerk, durchaus bestehend aus Eltern und Kindermädchen bzw. auch dritten Personen. Es geht darum, keine Angst zu haben, Kinder auch mal in die Obhut von anderen Menschen zu geben. Das kann auch bereichernd sein. Wichtig ist dabei jedoch eine gewisse Konstanz. Wenn man sich in anderen europäischen Ländern umschaut, sieht man ja, dass es sehr wohl möglich ist, Kind und Karriere zu vereinbaren. Meine französischen Kolleginnen beispielsweise haben fast alle 3 Kinder und das geht offenbar auch.

Ist hier HP als Arbeitgeber besonders fördernd und unterstützend?

Durchaus. HP hat sich in den vergangenen Jahren bei Arbeitgeber-Rankings in Österreich immer unter den Top 10 positioniert. Aktuell halten wir bei rund 30 Prozent Frauenanteil, was für die IT-Branche ein sehr hoher Wert ist. Die „Diversity"-Orientierung ist schon in den Firmenwerten verankert und lässt somit das Einziehen einer hierarchischen „gläsernen Decke“ gar nicht zu. Dazu kommt der Vorteil flacher Hierarchien.

Bei Neubesetzungen wird bei uns großer Wert darauf gelegt, qualifizierte Bewerberinnen auf der Shortlist zu haben – die Zahl der weiblichen Bewerber für unsere typischen Jobprofile (Vertrieb, Consulting, Projektmanagement) ist aber nach wie vor in der Minderheit. Ich persönlich finde das sehr schade und kann Frauen nur zu „mehr Mut“ raten! Mehr Mut zur Bewerbung, aber auch dazu, sich mit einem dynamischen, innovativen Markt auseinander zu setzen. Vielfach herrscht nach wie vor die Annahme, in der IT werde in erster Linie geforscht, programmiert – und aufgrund fehlender technischer Ausbildung haken Frauen Jobs in der IT dann oft von vornherein ab, da sie sich für nicht ausreichend qualifiziert halten. Der Markt hat aber in den letzten Jahren einen starken Wandel erfahren: IT-Business ist heute sehr beratungsintensiv, daher auch die gesuchten Jobprofile wie Consulting, Projektmanagement und Vertrieb. Die enge Zusammenarbeit mit den Kunden und internen Teams steht im Vordergrund, wirtschaftliches Verständnis, Kommunikationsstärken und allgemeine Managementfähigkeiten sind gefragt.

Wir ziehen den Schluss, dass die Unvereinbarkeit zwischen Kindern und Karriere ein eher deutsches und österreichisches Problem ist, oder?

Ja, für meine nordischen Kolleginnen ist das ganz normal, dass auch Vaterschaftsurlaub genommen wird, die Männer sich um die Kinder kümmern. Dort ist es gesellschaftlich vollkommen akzeptiert, dass man sich die Kinderbetreuung aufteilt. Ich selbst versuche vorzuleben, dass es auch bei uns möglich ist.

Was könnten wir als Message mitnehmen, was hier in unserem Land fehlt? Was denken Sie? Könnte eine Quote helfen? Braucht es eine Quotenregelung?

Sehr schwierige Frage. Ich persönlich möchte keine Quotenfrau sein. Ich möchte mich aufgrund meiner Kompetenz unterscheiden und ich hoffe sehr, dass auch andere Frauen in ihre Positionen kommen aufgrund Ihrer Kompetenz und aus keinem anderen Titel heraus.

Ich möchte jedenfalls nicht unter dem Titel Quote eine Position bekommen. Es sollte erkannt werden, dass es ein großes, ungenutztes Potenzial gibt, wenn man talentierten weiblichen Arbeitnehmerinnen nicht die entsprechenden Möglichkeiten und Positionen bietet. Ich glaube, es erfordert die heutige Zeit für unseren Standort, dass es eine Mischung aus Frauen und Männern gibt. Zahlreiche Studien beweisen, dass gerade gemischte Teams die erfolgreicheren sind. Bei HP ist das Thema „Frauen und Männer“ eigentlich überhaupt kein Thema, offenbar ist das eher ungewöhnlich, obwohl ich sehr wohl sehe, dass es in anderen Unternehmen durchaus noch anders ist.

Sie waren immer schon eine „Front-“ und „Vorzeigefrau“. Wie ist es Ihnen dabei persönlich gegangen? Hatten auch Sie ein Gefühl der Einsamkeit?

Doch, das gibt's streckenweise sogar immer wieder. Aber ich habe gelernt, damit umzugehen. Vor allem in einer Zeit, wo ich gerade eine neue Rolle übernommen hatte und mein erstes Kind hatte und nach bereits 6 Monaten wieder in den Job eingestiegen bin, gleichzeitig eine größere berufliche Aufgabe zu bewältigen hatte, da war ich persönlich schon extrem belastet. Mit einem Kleinkind und sehr viel Arbeit durch eine neue Aufgabe und Rolle, aber ich habe daraus gelernt. Ich suche mir Netzwerke und Mentoren. Ich habe auch kein Problem zuzugeben, wenn es mir mal nicht so gut geht und mir Stützen zu holen, egal ob im privaten Bereich oder im beruflichen Umfeld.

Das Mentoring ist etwas sehr ausgeprägtes bei HP das wird stark beworben, ich selber betreibe es auch intensiv. Ich suche mir teilweise sogar selbst Mentees, denn ich versuche ganz bewusst, den Frauen Mut zu machen. Ich suche mir beispielsweise Talente aus dem Vertrieb und gehe auf die zu. Für mich selbst mache ich das auch, indem ich mir Hilfe und Rat hole, wenn ich diese brauche. Man muss sich zu helfen wissen.

Wir hatten das Thema Netzwerk angesprochen. Frauen und Männer netzwerken unserer Meinung nach anders. Wie netzwerken Sie?

Bei mir ist es so, dass ich wahrscheinlich zuwenig netzwerke. Das ist aber auch nicht meine Priorität. Ich bin Teil des Business Professional Women Network, ein für mich sehr inspirierendes Netzwerk. Aber alles was mit Abendengagement verbunden ist, ist ohnehin schwierig für mich. Das ist halt so. Da gibt es sicher Männer, die sich hier viel mehr engagieren. Aufgrund meiner Familie hat das für mich aber auch geringe Priorität.

Haben Sie das Gefühl, einen Preis für Ihren Erfolg zu bezahlen?

Nein, die Möglichkeit, Familie und Beruf zu verbinden, ist das, was für mich das Ziel ist und das funktioniert bisher ganz gut. Das strebe ich an, das war immer mein Ziel. Das ist sehr bereichernd. Natürlich stresst das manchmal auch, aber ich habe gelernt, mit gewissen Auszeiten, Sport und kurzen persönlichen dafür dann intensiven Freiräumen, einen geeigneten Ausgleich zu schaffen.

Gibt es etwas worauf Sie ganz besonders stolz sind, wenn Sie die letzten Jahre zurückblicken?

Ja, auf die Kombination einen interessanten Beruf mit einem ausgefüllten Familienleben zu verbinden, darauf bin ich schon stolz.

Sie haben in einem anderen Interview einmal gesagt, „erreichen kann man, was man will" sehen Sie das immer noch so?

Durchaus, wobei es wichtig ist, diese Aussage von mir nicht „krampfhaft" zu verstehen. Vielleicht funktioniert nicht immer der direkte Weg. Ich glaube aber nach wie vor, dass man sich Dinge vornehmen kann und diese mit Hilfe von Allianzen und Unterstützung auch erreichen kann – aber natürlich muss das im Kontext gesehen werden.

Das heißt, Rückschläge und Umwege sind einzukalkulieren?

Ja, diese können im Augenblick sicher ein Problem sein, aber ich glaube auch, dass gerade die Fähigkeit Allianzen zu schmieden und sich Hilfe zu holen, eine Stärke von Frauen ist und es damit letztlich auch gelingt, Hindernisse zu umschiffen. Das können Allianzen mit Kolleginnen und Kollegen sein, wobei es wichtig ist, sich Hilfe auch zu suchen.

Ich suche mir immer Dinge, die interessant sind, wo ich einen Beitrag leisten kann, wo ich auch Spaß haben kann und dabei Ergebnisse erziele. Menschen und Mitarbeiter zu motivieren, vielleicht sogar auch zu prägen, Gedanken anzuregen.

Gibt es etwas, was Sie den LeserInnen unseres Buches, aus Ihrer persönlichen Sicht mitgeben möchten?

Einfach ausprobieren! Jede Erfahrung, egal ob es sich um einen Au-Pair Job handelt, oder um etwas anderes, eigentlich egal was konkret es ist, es muss auch gar nicht im direkten Zusammenhang mit dem Job stehen, jede Aufgabe, die einen aus der persönlichen Komfortzone bringt, um sich „zu reiben" und um daraus zu lernen, führt dazu, dass man Kraft und Mut schöpft für neue weitere Aufgaben und Herausforderungen. Das gibt Selbstbewusstsein. Mut ist es, was ich jeder Frau, aber eigentlich jedem Menschen mitgeben möchte, und die Message: „Traut's euch!"

i Aus der Sicht der Herausgeberinnen

Fehlende technische Ausbildungen und Erfahrungen sollten niemals ein Grund sein, sich nicht für die IKT-Branche zu interessieren.

Diese Branche ist bunt und vielfältig in den Möglichkeiten. Gleichzeitig ein Wachstumsbereich mit spannenden Herausforderungen und einem breiten Spektrum an unterschiedlichsten Tätigkeitsfeldern. Dynamische Märkte und Entwicklungen benötigen flexible und offene Persönlichkeiten – egal ob Frau oder Mann.

Netzwerke sind nicht nur in der IKT-Branche eine wichtige Infrastruktur. Vor allem für weibliche Führungskräfte ist es von herausragender Bedeutung, eingebunden zu sein in ein intaktes, berufliches und persönliches Netzwerk. Dieses gehört gepflegt. Doch sehr oft fehlt den Frauen dafür die Zeit bzw. gehört die Netzwerkpflege nicht zu den obersten persönlichen Prioritäten. Manchen von ihnen gelingt es trotzdem, bis ganz an die Spitze zu kommen und das ist gut so, denn es macht Mut für viele andere.

Wir Frauen sollten den Perfektionismus hintanstellen. Man sieht es bei Bewerbungsgesprächen auch ganz klar, Frauen richten ihren Fokus meist auf das, was sie nicht können, wohingegen Männer da drüber stehen und sagen den Rest, den ich noch nicht kann, das werde ich schon machen. Männer haben hier einen viel lockereren Zugang. Dieses Verhalten ist für Frauen eines der größten Hindernisse.

Selbstreflektion ist wichtig, man muss sich auf das stützen, was man gut kann. Die amerikanische Kultur unterstützt das sehr, man richtet sich vielmehr auf das, was man kann. Hier haben wir einen großen kulturellen Unterschied. Wichtig ist auch, nicht zu sehr in der Vergangenheit zu leben, sondern sich an der Zukunft zu orientieren.

Meiner Meinung nach ist es auch sehr wichtig, Erfahrungen aus den unterschiedlichsten Bereichen zu machen, dass sollte und muss man sich einfach gönnen. Verschiedenste Erfahrungen sammeln, dies ist meiner Meinung nach auch ein Erfolgsrezept für eine erfolgreiche Laufbahn. ■

Mag. Michaela Novak-Chaid, Direktorin Imaging & Printing Group, HEWLETT-PACKARD Österreich

Michaela Novak-Chaid ist seit Mai 2010 Country Manager Imaging & Printing Group bei HP Österreich. In dieser Funktion hat sie die Vertriebsleitung für die gesamte Druckerprodukt- und Lösungspalette inne sowie die Gesamtsteuerung des indirekten und direkten Vertriebskanals.
Nach Karrierestationen bei FACC Fischer Advanced Composite Components und ABN Amro Bank erfolgte 1998 ihr Einstieg bei HP als Credit & Risk Manager im Bereich Financial Services für Zentraleuropa, den Mittleren Osten und Afrika.
Für die gleiche Region war sie von 2002 bis Ende 2006 für HP als Credit and Collection Manager tätig. Von Dezember 2006 bis Mai 2010 hatte sie als Finanzdirektorin die Kaufmännische Leitung von HP Österreich inne.
Novak-Chaid absolvierte ein Studium der Handelswissenschaften an der Wirtschaftsuniversität Wien. Sie ist verheiratet und hat zwei Kinder. ■

Entwickle einen

Marketingplan

TATJANA OPPITZ
Director Enterprise Sales
General Business Central & Eastern Europe, IBM

Frau Oppitz, Sie sind ja schon sehr lange bei der IBM. Wie war das damals zu Beginn des IKT Zeitalters für Sie?

Ich bin seit 22 Jahren bei der IBM. Ich wollte immer etwas Internationales machen, darum habe ich mich gleich bei IBM beworben. Ich war natürlich, wie alle anderen auch, beim Personaldirektor beim Vorstellungsgespräch. Leider war zu Beginn nichts frei, aber er hat mir versprochen, wenn sich etwas ergibt, dann meldet er sich. 3 Jahre später kam dann ein Anruf der IBM verbunden mit einem Angebot für den Vertrieb. Davor war noch ein Assessment Center zu absolvieren mit der Geschäftsführung im 12. Stock. Im Saal fand ich 15 Herren im dunkelblauen Anzug und mit weißen Hemden vor. Mit meiner Ansage die gleichzeitig mein Schlussstatement war: „Meine Herren, ich glaube es ist an der Zeit etwas zu verändern!", bin ich damals schon aufgefallen.

Hatten Sie eigentlich einen technischen Berufshintergrund?

Nein, ich hatte ehrlich gesagt keine Ahnung von der IT. Ich habe an der Wirtschaftsuniversität Wien von 1981-1985 Handelswissenschaften studiert. EDV war damals jedenfalls kein Pflichtfach, meine Diplomarbeit habe ich noch auf einer Schreibmaschine getippt und danach in ein Schreibcenter gegeben. Natürlich wurde ich bei der IBM gefragt, warum ich mich beworben habe. Ich sagte: „Ich will hinaus zu den Kunden und ich will in ein internationales Unternehmen."

Das ist schon überraschend, da leider auch heutzutage immer noch sehr wenige Frauen im Vertrieb tätig sind. Sie waren also eine wirkliche Pionierin!

Ja, denn in der IBM gab es damals einen Karrierepfad, der vorgegeben war. Zuerst musste man in den technischen Bereich und Systemberater sein und erst danach kam man in den Vertrieb. Daher wollten sie mich zuerst natürlich auch als Systemberaterin ausbilden, aber ich habe mich gleich zu den Vertriebsleuten begeben und dazu gesetzt. Ich bin hartnäckig – auch gegen anfänglichen Widerstand – bei den Vertriebsleuten geblieben, habe mein kleines Köfferchen täglich und immer wieder auf den Tisch gestellt und gesagt, ich hätte eine Vereinbarung mit dem Chef. Es war eine wirklich männerdominierte Welt, es gab im Back Office natürlich Frauen, aber in der Geschäftsleitung und im technischen Bereich waren ausschließlich Männer. Der mir offerierte Job war im Bereich Small und Medium Business angesiedelt.

Eher typisch, der Bereich war damals sicher neu für die IBM aufzubauen und da hat man eine Frau hineingeschickt?

Natürlich, das war bewusst so, weil sie sich gedacht haben, hier kann ich als Frau einmal nichts anstellen oder kaputt machen. Das war aber natürlich gleichzeitig auch meine Chance, denn es gab etwas Neues aufzubauen und ich konnte mich positionieren. Extern war das „Frau sein" auch nie ein Problem – der Kunde hat kein Problem, eine Frau als Ansprechpartnerin zu akzeptieren. Mein Chef meinte damals jedoch: „ Ich könne ihn gar nicht enttäuschen, weil er erwarte von mir als Frau eh nix!"

Haben Sie solche Aussagen gekränkt und geärgert?

Nein, denn ich habe das immer als Herausforderung angesehen. Ich ärgere mich heute, wenn ich das Gefühl habe, dass eine andere junge Frau angegriffen wird.

Ich bin damals 6 Jahre in diesem Bereich geblieben, weil ich die tägliche Arbeit mit meinen Kunden wirklich mochte und erfolgreich war. In dieser Zeit habe ich sehr viel gelernt, z. B. mit Businesspartnern zusammenzuarbeiten. Nach 6 Jahren wurde ich dann zur Vertriebsfrau für den öffentlichen Bereich, für Kunden wie z.B. das Justizministerium und das Statistische Zentralamt. Das war durchaus eine große Umstellung für mich.

Danach kam ich in die Software-Group und war auch Mitglied der Geschäftsführung, hatte 90 Mitarbeiter, die an mich berichtet haben. Das war ein großer, wichtiger und wertvoller Schritt. Ich habe dann das Angebot angenommen, ein Auslandsjahr im IBM Headquarter in Paris zu verbringen. Dabei war es mir aber immer wichtig, im operativen Bereich den Kontakt mit den Kunden zu behalten. Wenn demnächst meine Chefin aus den USA kommt und ich ihr reporte, geht es vor allem um Zahlen, der operative Managementbereich ist heutzutage manchmal leider sehr weit vom Kunden entfernt.

„Mädchen und junge Frauen müssen schon in den Schulen aufgesucht werden, um ihnen wirklich Appetit auf eher technische bzw. vertriebliche Karrieren zu machen."

Ihre Chefin aus den USA, ein gutes Stichwort? Wie sieht es für Sie mit weiblichen Vorbildern aus?

In der IBM in den USA gibt es sehr viele Frauen in Führungspositionen. Diese können gut als Vorbilder fungieren. Es braucht diese Vorbilder auch unbedingt, vor allem für die jungen Frauen. Mädchen und junge Frauen müssen schon in den Schulen aufgesucht werden, um ihnen wirklich Appetit auf eher technische bzw. vertriebliche Karrieren zu machen. Auch in der Familie müssen sie unterstützt werden. IBM bietet zum Beispiel auch Camps an, wo Mädchen Computer zerlegen dürfen und sich so recht früh mit technischen Fragestellungen und Themen auseinandersetzen.

Hat sich eigentlich Ihrer Meinung nach schon etwas verändert? Sind inzwischen mehr Frauen im Vertrieb? Wenn ja, worauf führen Sie das zurück?

Ja, in der IBM hat sich viel verändert, auch weil die IBM das Thema Diversität wirklich lebt – es gibt dafür auch ein konkretes Umsetzungscontrolling. Wenn es heißt „best person for the job" dann wird bei gleicher Qualifikation auch darauf geachtet, ob es wohl ein Gleichgewicht zwischen Frauen und Männern gibt oder ob eines herzustellen ist. Dies wird auch gemessen – inklusive Konsequenzen, falls die vorgegebenen Ziele nicht erreicht werden.

„Meine Herren, ich glaube es ist an der Zeit etwas zu verändern!“

In der Politik musste man eine Quote einführen, um Frauen weiter zu bringen. Ist das auch ein adäquates Instrument, um Frauen zum Beispiel in Aufsichträten und Vorständen zu positionieren?

Auf der einen Seite ja, aber es kann für Frauen auch von Nachteil sein. Also für Aufsichtsräte kann es sehr wohl von Vorteil sein. Die nordischen Länder machen uns das ohnehin als „best practice" vor. Es muss aber im Unternehmen auch zum Bestandteil der Unternehmenskultur werden und tatsächlich gelebt werden.

Sie sind international tätig und haben den ständigen Vergleich mit anderen Ländern. Wie positioniert sich hier Österreich?

IBM Österreich positioniert sich sehr gut, aber wenn Sie mich nach einem generellen Vergleich der Ländersituationen fragen, dann würde ich sagen, dass Österreich im Mittelfeld liegt – sicher jedoch vor Deutschland. In Deutschland ist das immer noch sehr schlimm, und vor allem in der Privatwirtschaft findet man sehr wenige Frauen in Führungspositionen.

Wir haben allerdings bei der Recherche den Eindruck gehabt, dass es in Österreich nicht wirklich besser ist. Wir haben zum Beispiel im Beraterbereich für den IKT Sektor niemanden gefunden. Und es gibt in Österreich unzählige Unternehmen, die keine einzige Frau im Vorstand haben.

Ja, es scheint, dass international der größte Anteil an Frauen in technischen Führungspositionen in der Türkei ist.

„Bekämpfe das ‚Brave Mädchen Syndrom' nach dem Motto: ‚Nice girls don't ask'"

Woran liegt das Problem bei uns in Österreich?

Es ist ein gesellschaftliches und kulturelles Problem, das mit dem Kinder bekommen zusammenhängt. Wenn du deine Karriere für das Kind unterbrichst, dann ist der Knick da. Die Gesellschaft kritisiert Frauen, die nach kurzer Zeit in der Karenz wieder in den Beruf einsteigen und bezeichnet diese als Rabenmütter. Frauen, die keine Kinder bekommen und sich nur auf ihre Karriere konzentrieren als kalte Karrieristinnen, die kein Herz hätten. In Österreich und Deutschland herrscht diesbezüglich wenig Akzeptanz und Toleranz, das merkt man auch im Angebot für die Kinderbetreuung ab 6 Monaten. In Frankreich ist es vollkommen normal, dass Kinder mit 6 Monaten in die Betreuungseinrichtung kommen und dass diesbezüglich ausreichende Angebote vorhanden sind.

Hier muss sich dringend die Mentalität ändern! In der Türkei zum Beispiel sind Frauen gut ausgebildet – dort funktioniert auch das System des familiären Großclans. Die gesamte Familie kümmert sich um die Kinder bzw. gibt es dort sehr viele gute und akzeptierte Nannies.

Ich denke, Frauen, müssen klar artikulieren, was sie wollen und brauchen einen persönlichen Marketingplan.

Ist das nicht auch ein gesellschaftliches Problem?

Ja, natürlich das „Brave Mädchen Syndrom"! Ich übe mit den Frauen bei mir im Unternehmen und gebe ein spezielles Coaching und Mentoring für junge Frauen. Derartige Angebote müssen auch schon sehr früh im Karrierepfad vorgesehen sein, um effektiv und wirksam zum Tragen zu kommen.

Es ist auch wichtig, sachliches Feedback zu geben und zu erhalten. Für mich ist Feedback eine der besten Lernerfahrungen. Ich selbst versuche immer, ehrliches Feedback zu bekommen. Es ist die beste Möglichkeit zu lernen und sich weiterzuentwickeln.

Meine persönlichen Tipps lauten daher auch wie folgt:

- Entwickle deinen eigenen Marketingplan – verfeinere diesen stetig und stelle sicher, dass niedergeschriebene Ziele auch erreicht werden. Bleib dabei authentisch.
- Schaffe die Marke „ICH" und vermarkte diese auch. Bedenke dabei: was unterscheidet dich von den anderen? Auf welche deiner Eigenschaften/Stärken bist du besonders stolz? Womit sollen dich deine Mitmenschen in Verbindung bringen?
- Formuliere klar deine Ziele und Erwartungshaltungen und teile diese deinen Vorgesetzten und Kollegen mit. Sei bereit, falls erforderlich, auch schnell eine persönliche „Kursänderung" vorzunehmen.
- Höre nie auf, Neues zu lernen und aktiv zuzuhören.
- Bekämpfe das „Brave Mädchen Syndrom" nach dem Motto: „Nice girls don't ask".

Was sind Ihre Tipps zur Förderung von Frauen in technischen Berufen?

Wenn wir einen höheren Frauenanteil in technischen Berufen erzielen wollen, dann bedarf es einer frühen Förderung und Bewusstseinsbildung in der Familie, in den Schulen und in der Gesellschaft. Sehr klar ist, dass eine möglichst frühe Bewusstseinsbildung für Mädchen und junge Frauen wichtig ist. Dies kann nur über Initiativen und spezielle Projekte und Programme vom Kindergarten über die Volksschule bis zur Sekundarstufe erfolgen. In weiterer Folge dann beispielsweise durch gezielte Tutoring Programme. Frauen und Technik stellen keinesfalls ein ambivalentes Verhältnis dar.

Wir erleben, dass Frauen in Spitzenpositionen dann oft keine Frauen fördern oder wenn sie die Macht hätten, zum Bespiel Frauen in Aufsichtratspositionen zu bringen, dieses nicht tun, weil sie mit den „vorhandenen Männern" nicht in Konflikt treten wollen. Das macht uns traurig und durchaus wütend – erleben Sie so etwas auch?

Ja, leider immer wieder und das finde ich erschütternd! Ich habe auch den Eindruck, dass Frauen nicht netzwerken können und sich untereinander nicht stützen und fördern. Sie sollten das aber unbedingt machen und sich nicht dem Neid hingeben. Es müssen ja auch junge Frauen nachkommen dürfen und können, auch solche, die durchaus kompetenter sind, als man es selbst ist. Männer haben da langjährige Seilschaften und tiefgehende Freundschaften im Business.

Ich habe den Eindruck bei Frauen untereinander fehlt leider sehr oft dieses „warm-feeling". Frauen sind einfach härter und noch fordernder gegenüber Frauen und sehr oft ist leider die Motivation Neid.

Warum sind sie nicht CEO der IBM Österreich oder Europa? Das wäre doch bei Ihrer Karriere denkbar und fast logisch?

Ich habe eine sehr spannende und herausfordernde Tätigkeit und ich stelle mir auch oft die Frage, ob noch mehr Verantwortung für mich das Richtige ist und ich das auch kann. Ich habe auch viel Spaß daran, zu gestalten und ich stelle mir jeden Abend die Frage: „Hast du heute einen Beitrag geleistet und wem hat es geholfen?" Ich kann in meiner jetzigen Funktion eindeutig sagen, dass ich jeden Tag etwas Produktives leiste.

Gibt es einen Preis, den Sie für Ihre Karriere zahlen?

Ja sicherlich! Mein Preis ist, dass ich weniger Freiheit habe und die persönlichen Gestaltungsmöglichkeiten sicher geringer sind. Aber ich übe meinen Beruf sehr gerne

Aus der Sicht der Herausgeberinnen

Sich seiner eigenen Ziele und Erwartungen bewusst zu sein und diese auch in einem Karriereplan zu formulieren, ist absolut notwendig, wenn FRAU die Karriereleiter hinaufklettern möchte. Gerade Frauen haben erfahrungsgemäß Hemmungen, ihren Karrierewunsch und ihre Berufsvorstellungen zu artikulieren und werden daher auch oft bei Besetzungen übergangen.

Ein direkter Einstieg in ein internationales Unternehmen formt und prägt, fordert und fördert. Eine aufgeschlossene und offene Denkweise, deren Basis ein internationaler familiärer Hintergrund ist, bilden eine ideale Ausgangsbasis, beweisen muss FRAU sich jedoch trotz dieser perfekten Voraussetzungen letztlich immer noch selbst. Dazu gehören Ausdauer, Hartnäckigkeit, Mut und ein starker Wille zum Erfolg.

aus – jeder trägt sein persönliches Pinkerl, aber das dürfen und müssen die anderen nicht ständig merken. Wichtig ist es, authentisch zu bleiben und zu sein und vor allem auch weiblich. Ich bin im Business immer weiblich geblieben und habe mich nicht vermännlicht und das wird auch so bleiben. ■

Mag. Tatjana Oppitz, Director Enterprise Sales, General Business Central & Eastern Europe, IBM

Die 47-jährige in Kalkutta/Indien geborene Diplomatentochter mit österreichischem Pass war von Anfang an international unterwegs. Sie besuchte die Vienna International School und das französische Lyzeum in Wien und studierte Handelswissenschaften an der Wirtschaftsuniversität Wien.

Oppitz begann ihre Managementkarriere als Direktorin des Softwarebereichs bei IBM Österreich. Nach fünfzehnjähriger Tätigkeit bei IBM Österreich – in unterschiedlichen Bereichen, aber immer in Vertriebsverantwortung – begann 2003 die internationale Karriere. Ihre erste Auslandstätigkeit führte sie in das IBM Headquarter nach Paris. Seit ihrer Rückkehr aus Paris ist sie als Executive international für den Vertrieb des gesamten IBM Portfolios für Großkunden zuständig. Aktuell als Executive für den Vertrieb in der gesamten CEE Region zu der auch Russland und die CIS Staaten gehören.

Oppitz setzt sich seit vielen Jahren stark für Frauenförderung und Diversity ein. So ist es ihr ein großes Anliegen, mit Hilfe gezielter Mentoring- und Coachingprogramme junge Frauen bei der Definition ihrer persönlichen Karriereziele zu unterstützen.

In ihrer spärlichen Freizeit spielt sie zur Entspannung gemeinsam mit ihrem Mann Golf und entspannt gerne bei ausgedehnten Spaziergängen mit ihrem Jack Russell Terrier Tacko. Tatjana Oppitz interessiert sich für monochrome und gegenständliche Gegenwartskunst, Oper und Theater und reist trotz internationaler Tätigkeit immer noch gerne in ferne Länder. ■

Die Qualität steht

M VORDERGRUND

MONIKA KIRCHER-KOHL
Vorstandsvorsitzende (CEO)
Infineon Technologies Austria AG

Wie sind Sie in die IKT Welt hineingewachsen? War das ein großer Wunsch von Ihnen?

Ich bin unter Brüdern in einem Gewerbebetrieb aufgewachsen und habe deshalb sehr bald gelernt, meine Berührungsängste bezüglich männerdominierten Berufen hinten anzustellen. Das war sicher eine gute Basis für meine spätere Berufswahl. Ich habe – wie wahrscheinlich die Mehrheit der Frauen – meine Karriere nicht geplant oder mir einen Karriereweg vorgenommen. Meine Laufbahn ist eher in Mosaiksteinen erfolgt. Rund alle 8 Jahre habe ich einen Wechsel vorgenommen und mich dabei in eine gänzlich neue Materie eingearbeitet.

Mein Weg in die IKT erfolgte über meine Funktion als Vizebürgermeisterin von Villach, wo ich auch Wirtschafts- und Finanzreferentin war und der Überzeugung war und bin, dass die Strukturprobleme Kärntens und insbesondere Villachs nur über zeitgemäße und zukunftsorientierte Schwerpunkte zu bewältigen sind.

Ich habe damals zum Beispiel die Etablierung des „micro electronic clusters" ermöglicht und das Fachhochschulzentrum begründet. In dieser Funktion war ich auch Partner vieler Unternehmen und als ich die Politik verlassen wollte, hatte ich viele Angebote, unter anderem auch drei von IKT-Unternehmen.

Es zieht sich wie ein roter Faden durch viele Interviews, dass sich Frauen oft kein klares Karriereziel setzen bzw. ihre Wünsche nicht artikulieren? Haben Sie es auch eher darauf ankommen lassen?

Ich habe mir selbst immer weniger zugetraut, als mir andere zugetraut haben. Allerdings habe ich dann auch im richtigen Moment immer wieder JA gesagt und bin ins kalte Wasser gesprungen. Ich habe aber auch oft NEIN zu einem Jobangebot gesagt. Das ist genauso wichtig, weil sich jeder Mensch überlegen muss, wo seine Stärken und seine Schwächen liegen und wissen muss, in welchem Job rutsche ich in die Überforderung ab. Ich habe immer sehr genau in mich hinein gehört und mir auch das Umfeld genau angesehen. Ich arbeite gerne in Teams und bin Netzwerk orientiert und für meinen Erfolg ist es nicht egal, wer die Personen in meinem Umfeld sind und wie die Strukturen sind. Diese muss ich beeinflussen können bzw. ein Umfeld vorfinden, wo ich meine Stärken auch einbringen kann.

„Es gibt nicht´s im Leben umsonst. Die Frage ist, welchen Preis zahlt man und was bekommt man dafür.“

Wir finden gerade diese Eigenschaft sehr weiblich. Frauen brauchen bestimmte Strukturen, um erfolgreich zu sein, und wenn sie sich diese Strukturen geschaffen haben, dann sind sie meist erfolgreicher als Männer. Wir haben den Eindruck gewonnen, dass Unternehmen, die von solchen Frauen geleitet werden, stabiler und konsolidierter durch Krisenzeiten gehen. Sehen Sie das auch so?

Ich glaube, dass Frauen durch ihre Sozialisation, wie etwa Erziehung, mehr darauf Rücksicht nehmen, wie es ihrem Umfeld geht, egal ob es sich dabei um die Eltern, die Kinder oder eben um Mitarbeiter handelt. Frauen haben nicht den ausschließlichen Drang zur absoluten Selbstverwirklichung wie Männer und verfolgen nicht eindimensional ein Ziel, wie z.B. Wachstum über alles, sondern wägen eher ab. Dadurch stehen diese Unternehmen auf stabileren Beinen und sind auch nachhaltiger.

Haben Sie das Gefühl, dass Frauen ein partizipativeres Umfeld brauchen?

Es gibt inzwischen tendenziell auch mehr erfolgreiche Männer, die in ihrem Management die Vorteile eines partizipativen Führungsstils erkannt haben und gut in Teams arbeiten. Frauen brauchen einfach öfter ein kommunikatives Umfeld, damit sie reflektieren können und sowohl Anerkennung als auch kritischen Diskurs bekommen. Ich brauche es ganz sicher und habe deshalb auch den Anspruch das Umfeld gestalten zu wollen, weil es notwendig ist, die Wertschöpfungsketten im Unternehmen nicht mehr rein linear zu gestalten, sondern in einem Netzwerk zu agieren mit unterschiedlichen Partnern, wie Lieferanten, Universitätskooperationen und mit den eigenen MitarbeiterInnen.

Schafft eine Netzwerkstruktur auch eine höhere Identifikation der MitarbeiterInnen mit den Unternehmen?

Die Mitarbeiterbefragungen zeigen grundsätzlich sehr deutlich, dass Frauen eine höhere Loyalität und Identifikation zum Unternehmen haben. Sehr charismatische männliche Manager können diese Identifikation der Mitarbeiter durch ihren „Charme" erreichen. Frauen in Führungspositionen schaffen Loyalitäten und Identifikation mit dem Unternehmen durch das Einbinden und das Netzwerken.

Es gibt beim Netzwerken durchaus zwei Zugänge, jenen zu netzwerken für sich selbst als Person oder zu netzwerken für das Untenehmen. Lässt sich das überhaupt in einer Funktion wie Ihrer noch trennen?

Ich habe als private Person Kontakte. Dabei spreche ich ungern von einem Netzwerk, weil das meine Freundschaften sind, und nütze natürlich diese Kontakte für das Unternehmen, aber auf eine sehr professionelle Art. Ich würde meine privaten Kontakte niemals zu einer Handlung überreden oder zwingen. Ich denke, es ist nicht notwendig, dass man alles für einander macht, nur weil man sich gut kennt. Tendenziell trenne ich private Freundschaften und berufliches Netzwerk strikt. Das war mir auch in der Politik immer sehr sehr wichtig. Meine Freundschaften haben auch selten mit meinem Beruf zu tun.

Das zieht sich auch klar durch die Interviews, dass Frauen bei Ihren Netzwerken klar zwischen beruflichen und privaten trennen. Glauben Sie, dass sich genau deshalb Frauen oft eine Chance vertun, weil sie nicht wie Männer ihre Seilschaften teilweise ein Leben lang pflegen?

Das ist sicher so, aber auf der anderen Seite gibt es, wenn etwas schief geht auch

„für meinen Erfolg ist es nicht egal, wer die Personen im Umfeld sind“

ein Problem und ich bin mir lieber meiner privaten Freundschaften sicher, bei denen ich auch ruhen kann.

Was bieten Sie Frauen in ihrem Unternehmen an, um einen Karriereplan zu entwickeln?

Wir haben eine Reihe von Fördermaßnahmen im Unternehmen für Männer und für Frauen. Besonders fördern wir allerdings Frauen in technischen Bereichen. Wir wissen, dass in Österreich die niedrigsten Frauenanteile in den technischen Studien sind und damit auch ein sehr niedriger Anteil in den technischen Unternehmen. Hier haben die Unternehmen eine Verantwortung, technisch ausgebildete Frauen auch in die Unternehmen zu holen und sie zu halten.

Daher haben wir schon vor 8 Jahren ein Programm gestartet, mit dem Namen FIT – "Frauen in die Technik – Frauen in der Technik" mit 8 Modulen, wie z.B. Sprache im Unternehmen, Mentoring, Coaching, Crossmentoring, Wiedereinstieg nach der Karenz etc. Ich selbst mache auch ein Mentoring, weil ich überzeugt bin, dass Vorbilder ganz besonders wichtig sind, mehr als wir manchmal glauben. Es ist ganz besonders wichtig, dass man die Talente von Frauen sichtbar macht und diese auch präsenter werden und so auch anderen Frauen Mut macht.

Es gibt aber auch kleine Erfolge, wie etwa die Steigerung des Frauenanteils bei den Lehrlingen in unserem Unternehmen von 0 auf 50% im letzten Jahr.

Bemerken Sie hier auch eine Veränderung bei den Männern?

Wir merken, dass viel mehr Männer inzwischen Telearbeitsplätze haben wollen, weil sie den Betreuungsaspekt mehr einbringen. Wir fördern auch Männer, die in Karenz gehen wollen, denn auch hier benötigt es unbedingt Vorbilder.

Gibt es einen Betriebskindergarten?

Da möchte ich gerne trennen zwischen den Angeboten im Betrieb und außerhalb des Betriebes. Wir haben hier im Haus um die 100 verschiedene Zeitmodelle, auch um den MitarbeiterInnen bei ihren Bedürfnissen entgegen zu kommen. Sehr viele unserer Mitarbeiter pendeln aus den unterschiedlichsten Regionen Kärntens, Salzburgs und der Steiermark, aber auch aus Italien und Slowenien ein. Das Thema ist daher sehr komplex. Würden wir unseren eigenen Betriebskindergarten machen, dann würden wir auch 2-3 Kindergärten der Stadt Villach leer räumen. Wir haben daher gemeinsam mit Privaten und der Stadt eine Analyse des Bedarfs durchgeführt und mit der einen oder anderen Veränderung bzw. Erweiterung der Öffnungszeiten zum Beispiel eine gute Lösung für unseren Standort gefunden.

Fimenintern ist mir ganz besonders wichtig, Modelle zu erarbeiten, die die Nachteile eines zeitweisen Ausstiegs aus dem Arbeitsprozess so gering wie möglich halten. Wir haben daher Karenzgespräche eingeführt, um vor der Karenz genau zu klären, wie lange möchte jemand in Karenz bleiben oder in welche Position zurückkehren? Wichtig ist auch zu klären, welche Weiterbildungsmaßnahmen erfolgen während der Karenz?

Wir haben bei uns im Unternehmen auch eine kreative Lösung dafür gefunden, dass die einzelnen Bereiche es immer als Nachteil angesehen haben, eine Wiedereinsteigerin in Teilzeit etwa mit 15 oder 20 Stunden zu beschäftigen. Wir sind hier auch „headcount“ getrieben wie viele Unternehmen. Daher haben wir eine eige-

ne Kostenstelle im Unternehmen geschaffen, um diese Kosten zu verbuchen, wie etwa auch bei den Lehrlingen mit Behaltefrist. Dadurch wird es uns ermöglicht, Mitarbeiterinnen auch wieder in Spitzenpositionen zu holen und früh genug wieder einzuphasen und später wieder in Vollzeit zu bringen.
Das ist auch eine finanztechnisch gute Lösung für Mitarbeiter, die eine längere Krankheit hinter sich haben.

„Man braucht für die Veränderung der Gesellschaft oder im Betrieb unbedingt auch die Männer und muss diese ins Boot holen."

Wo glauben Sie, liegt in Österreich das Problem, dass wir so wenig Frauen in Führungspositionen haben, speziell in der Technik im Vergleich zu anderen Ländern wie etwa der Türkei und auch in den zweiten und dritten Ebenen fast keine Frauen zu finden sind?

Zum einen glaube ich, liegt das an der Tradition Österreichs und unserem Gesellschaftsbild, das von der Kirche und dem Nationalsozialismus geprägt wurde und daher wollen Frauen nicht als die Antifamilienmenschen in der Öffentlichkeit stehen, wenn sie Karriere machen.

Zum anderen denke ich, je stärker industrialisiert eine Zivilisation ist, um so weniger attraktiv wird der Ingenieurberuf für Frauen. Das ist vor allem für den osteuropäischen Raum eine große Gefahr, wo klar erkennbar ist, dass im Moment jene Frauen, die zum Beispiel in der Politik Spitzenfunktionen innehaben, eine technische Ausbildung mitbringen.

Wir sehen das zum Beispiel in Frankreich, wo Kinderbetreuung als Frühkindpädagogik und nicht als Aufbewahrung gesehen wird, und für alle Kinder schon ab einem halben Jahr ein Betreuungsplatz da ist. Wenn es uns nicht gelingt, Frauen früh in den Arbeitsprozess einzugliedern, wenn es uns nicht gelingt, eine strukturierte aktive Zuwanderungspolitik zu entwickeln und das Potenzial von Frauen auszuschöpfen, dann wird das auch im internationalen Vergleich gesehen, ein Nachteil für den Wirtschaftsstandort sein.

Glauben Sie, dass eine Quotenregelung hier die Geschwindigkeit dieser Entwicklung verbessert?

Ich sehe, dass in der Politik Quoten richtig sind und waren, sonst hätten wir nicht ein Drittel Frauen in Funktionen. In der Wirtschaft geht es um berufliche Profile und wenn sich der Frauenanteil nicht schon in der Ausbildung, etwa bei technischen Studien verbessert, dann kann sich das in manchen Branchen und Arbeitsbereichen auch in der Wirtschaft nicht verbessern. Frauenquoten sind aber sicher als qualitative Zielsetzung, wenn auch nicht als Verpflichtung ein gutes Mittel, um den Anteil an Frauen etwa in Führungspositionen oder Aufsichtsräten zu erhöhen.

Sie meinen eher den deutschen Weg, solche Zielsetzungen etwa in die Corporate Governance einzubauen?

Ja, ich denke die Unternehmen könnten so in die Pflicht genommen werden, ohne die rechtliche Verpflichtung geben zu müssen. Es muss natürlich, unabhängig ob es sich um Männer oder um Frauen handelt, die Qualität im Vordergrund stehen.

Zahlen Sie einen persönlichen Preis für Ihren Erfolg?

Es gibt nichts im Leben umsonst. Die Frage ist, welchen Preis zahlt man und was bekommt man dafür. Ich bin glücklich, Organisationsmodelle gefunden zu haben, um auch während meine zwei Kinder klein waren, zu arbeiten und habe gerne den Preis gezahlt, keinen Job außerhalb Kärntens anzunehmen und habe den Preis bezahlt, meine Hobbies und meine Freizeit hinten anzustellen.

Was möchten Sie den LeserInnen gerne noch auf ihren Weg mitgeben?

Ich möchte den jungen Frauen gerne Mut machen, dass sie den Anspruch einer Karriere einfach haben sollten. Wir sollten auch flexible Lösungen andenken und nicht denken, die Welt ist nicht veränderbar. Man braucht für die Veränderung der Ge-

Aus der Sicht der Herausgeberinnen

Flexible Lösungen andenken und die Welt und die aktuellen Abläufe und Gepflogenheiten nicht als gegeben hinnehmen. Die Welt ist veränderbar! Doch dafür brauchen wir Mut – von Männern und Frauen. Ein umsichtiger und partizipativer Führungsstil, wie ihn Frauen oft anwenden, zeigt nicht nur gute Ergebnisse in betriebswirtschaftlicher Sicht, sondern erhöht auch die Loyalität zum und die Identifikation mit dem Unternehmen. Das Miteinander von Unternehmen, Mitarbeitern und der Region ist der Schlüssel zum Erfolg und verdient das Prädikat „Nachhaltigkeit".

sellschaft oder im Betrieb unbedingt auch Männer und muss diese ins Boot holen. Es helfen uns sonst die vielen Förderprogramme nichts, wenn wir die Männer nicht mitnehmen und meine Erfahrung ist, dass sie das auch wollen. Auch den Männern müssen wir Mut machen, dass es erlaubt ist, als Mann laut auszusprechen, dass sie sich gerne auch um ihre Kinder kümmern und gerne einmal schon um 15.00 Uhr nach Hause gehen wollen, um mit ihren Kindern zu spielen.

Mag. Monika Kircher-Kohl, Vorstandsvorsitzende (CEO) Infineon Technologies Austria AG

Im Jahr 1981 übernahm Kircher-Kohl, die 1957 in Spittal/Drau geboren wurde, die Geschäftsführung der Regionalstelle Kärnten des ÖIE – Österreichischer Informationsdienst für Entwicklungspolitik.

Bevor Sie 1991 zur Vizebürgermeisterin der Stadt Villach, mit der Zuständigkeit für Finanzen und Wirtschaft, Personal, Kultur, Schule, Jugend und Frauen wurde, arbeitete die studierte Magistra der Wirtschaftswissenschaften (Wirtschaftsuniversität Wien und Mexico City) als Lehrbeauftragte an der Universität Klagenfurt und als freiberufliche Beraterin.

2001 wurde Kircher-Kohl Mitglied des Vorstandes der Infineon Technologies Austria AG, zuständig für Finanzen, Forschung und Personal. Seit dem Jänner 2006 darüber hinaus für die Standortleitung Villach.

Kircher-Kohl liegen Human Resources Themen besonders am Herzen, die Palette reicht von familienfreundlichen Rahmenbedingungen im Unternehmen, über die Aus- und Weiterbildung bis zu flexiblen Arbeitszeiten.

Seit 2007 ist Kircher-Kohl Vorstandsvorsitzende (CEO) der Infineon Technologies Austria AG; verantwortlich für Finanzen, Produktion, Human Ressources und IT.

CHEFIN

MIT „OFFENER TÜR“

CAROLE TOMASCHEK
Leiterin Informationstechnologie Wiener Krankenanstaltenverbund

Frau Tomaschek Sie sind eine der wenigen weiblichen Chief Information Officer (CIO), noch dazu eines sehr großen Gesundheitsunternehmens, dem Krankenanstaltenverbund in Wien. Wie kommt es, dass wir gerade im KAV eine weibliche CIO vorfinden?

Ich habe das große Glück gehabt, nach meinem Informatikstudium an der TU Wien bei der Geburtsstunde der EDV im Wiener Gesundheitswesen dabei zu sein. Das war 1977 und damals begannen die ersten spezifischen EDV Lösungen für den Gesundheitsbereich auf den Markt zu kommen. Unser Kernthema ist die Unterstützung der Ärzteschaft und der Pflege, wobei vor allem die Pflege sehr weiblich dominiert ist. Die Kunden unserer IT sind damit zu einem großen Ausmaß Frauen und haben daher auch kein Problem mit Frauen als Gegenüber. Außerdem hat sich die IT in den letzten 33 Jahren von der eher technologischen Unterstützung, also für Finanzdaten oder der Administration von Daten etwa, immer stärker zur Unterstützerin für Entscheidungen des medizinischen Personals entwickelt. Das bedeutet, es geht um die Entwicklung von Lösungen anhand der Bedürfnisse der Kunden und Kundinnen, um dabei spezifische Arbeitsabläufe für das Spital abzubilden. Das Einbinden der Betroffenen in den Prozess ist unbedingt notwendig und erfordert einen intensiven Dialog.

Der Part der Prozessgestaltung und der Organisation zwischen den Anwendern ist daher am wichtigsten geworden und da sind auch Frauen ganz besonders wertvoll.

Kommt hier das vernetzte Denken der Frauen zum Tragen?

Ja, die Berufsgruppen müssen mehr voneinander wissen, um Doppelgleisigkeiten abzufangen, da kann die IT sehr helfen. Die Kommunikation spielt dabei eine entscheidende Rolle und hier sind Frauen mindestens gleich gut wie Männer, oft sehr viel einfühlsamer und besser zuhörend.

„Der Grund für unseren hohen Frauenanteil liegt vielmehr daran, dass die jahrelangen Förderprogramme greifen und erfolgreich waren und sind."

Sie haben zu einem sehr frühen Zeitpunkt Informatik studiert. Wie haben Sie sich als „Exotin" in diesem Studium gefühlt?

Ich kann nicht behaupten, dass ich eine Exotin war. Ich habe mit dem Rechentechnik Studium begonnen und das haben schon relativ viele Frauen studiert. Vielleicht auch deshalb, weil es ein Kurzstudium war. Allerdings bin ich dann in die Informatik gewechselt, aber da waren auch einige Frauen. Alleine bei mir im Haus sind drei ehemalige Studienkolleginnen beschäftigt.

Wir haben uns die Studierendenzahlen angesehen und müssen feststellen, dass sehr wenige Frauen Informatik studieren. Erleben wir wieder eine Tendenz „Frauen raus aus der Technik"?

Als ich Informatik studiert habe, gab es das Studium erst 2 Jahre und war noch ganz neu. Inzwischen hat sich der Bereich auch auf die Wirtschaftsuniversität mit dem Wirtschaftsinformatik Studium ausgedehnt. Vielleicht haben sich die Frauen dadurch einfach verteilt.

Leider nein, auch hier sind die Frauen nicht im Übermaß vorhanden. Sie meinen aber, wir müssen mehr Frauen in der Technik ausbilden?

Natürlich, wir müssen die Mädchen verstärkt dazu bringen, dass sie in die HTL gehen oder eine Lehre in der IT machen. Wir bilden auch hier IT Lehrlinge aus und wir haben auch Mädchen dabei und wir streben auch an, dass wir diese dann auch übernehmen. Vor allem auch deshalb, weil neue Mitarbeiter bei uns im Support vor Ort im Spital anfangen. Wir haben hier sehr gute Erfahrungen gemacht, gerade mit Frauen im Support.

Gibt es spezifische Frauenförderungsprogramme für diesen Bereich?

Wir können Frauen insofern gut fördern, weil wir einerseits sehr gute Teilzeitarbeitsregelungen haben und vor allem auch Telearbeit anbieten. So können die Frauen nach der Karenz früher wieder mit mehr Stunden in den Beruf einsteigen. Damit bieten wir den Frauen die Chance, den Anschluss nicht zu verlieren, was vor allem in der IKT sehr wichtig ist, weil das ein so schnelllebiger Bereich ist.

Hat sich in diesen 3 Jahrzehnten viel verbessert für die Frauen in der IT?

Es war bei uns im KAV in Wien nie schlecht. Wir hatten sehr lange einen Chef, der nie einen Unterschied gemacht hat zwischen Frauen und Männern. Er ist nur nach der Leistung der Mitarbeiter gegangen und es war der Anteil der Frauen damals schon ein Drittel und auch jetzt ist ein Drittel der Führungsebene von Frauen besetzt. Das Rechenzentrum des KAV wird von einer Frau geleitet und auch in meinem direkten Führungsteam ist ein Drittel von Frauen besetzt.

Offensichtlich ist das aber nur im öffentlichen Bereich möglich, die Privatwirtschaft schaut ganz anders aus. Liegt das an dem sicheren, geschützten Arbeitsplatz?

Es ist richtig, dass unsere Arbeitsplätze sicherer sind, das bedeutet nicht ruhige Kugel, sondern nur, dass das Risiko des Arbeitsplatzverlustes durch äußere Rahmenbedingungen geringer ist. Ich denke aber, dass dies nicht der Grund ist, warum bei uns in der KAV IT mehr Frauen beschäftigt sind. Der Grund für unseren hohen Frauenanteil liegt vielmehr daran, dass die jahrelangen Förderprogramme greifen und erfolgreich waren und sind.

Die Empfehlung also für die Privatwirtschaft wäre solche Programme umzusetzen?

Ich bin überzeugt, dass diese Programme, wenn sie konsequent umgesetzt würden, und ein Klima geschaffen würde, in dem Frauen willkommen sind und auch signalisiert bekommen, dass sie nach der Karenz gerne wieder zurück kommen können, erfolgreich sind. Es ist in der Stadt Wien als unserer Eigentümerin inzwischen auch selbstverständlich Frauen in Führungspositionen vorzufinden.

Haben weibliche Topführungskräfte ein anderes Führungsverhalten?

„Sicherlich gibt es einen Unterschied zwischen Männern und Frauen. Frauen sind daher eine sinnvolle Ergänzung zu Männern, oder eben umgekehrt."

Sicherlich gibt es einen Unterschied zwischen Männern und Frauen. Frauen sind daher eine sinnvolle Ergänzung im Management, oder eben umgekehrt. Am erfolgreichsten sind gemischte Teams und ich empfinde es als sehr angenehm, wenn ich in solchen gemischten Arbeitsgruppen arbeiten darf und ich denke, das ist die optimale Situation.

Gehen Sie auf Netzwerktreffen der CIO?

Ich gehe auf die CIO Treffen des Gesundheitswesens. Ich werde zwar zu sehr vielen Treffen auch anderer CIOs eingeladen, aber ich gehe nur zu Treffen, wo es auch einen gemeinsamen Nutzen geben kann, das ist für mich am effizientesten. Ich besuche das Forum der IT Manager aller Bundesländer, das findet seit 10 Jahren 1 – 2 mal im Jahr statt und dabei sind die Wienerinnen eigentlich die einzigen Frauen. Da ist Wien wirklich Vorreiterin und Wiener Themen werden oft von Frauen präsentiert. Diese Netzwerktreffen finde ich sehr wichtig.

Gibt es etwas, auf das Sie ganz besonders stolz sind bei Ihrem persönlichen Managementstil?

Ich habe einen Schwerpunkt im Management, ich versuche immer, die richtigen Leute an die richtigen Stellen zu positionieren. Das hat zu einer optimalen Teamstruktur in der KAV IT geführt, auch wenn dazu einige Umwege und harte Entscheidungen notwendig waren. Ich bin eine Chefin mit „offener Tür".

Wie sehen Sie die Chancen von Frauen im Bereich Vereinbarkeit von Beruf und Familie?

Ich selbst habe keine Kinder und ich denke, dass ich das Engagement, das ich eingebracht habe in den vielen Jahren, nicht hätte erbringen können, wenn ich ein Kind gehabt hätte. Ich weiß nicht, ob ich die Leitung der IT auch hätte, wenn ich noch eher kleine Kinder gehabt hätte. Kindern muss man Aufmerksamkeit und Zeit widmen, das haben sie sich auch verdient und so ein belastender Managementjob mit dem ganzen Troubles wäre sicher schwer vereinbar. Die formalen Rahmenbedingungen der Stadt Wien sind sicher ausgezeichnet und die Chancen auch nach der Karenz sind gegeben. Die Doppelbelastung kann einem jedoch niemand abnehmen. Ich habe 3 Mitarbeiterinnen in der zweiten Führungsebene, die auch Kinder haben und die haben natürlich auch die Möglichkeit weiter aufzusteigen.

Aus der Sicht der Herausgeberinnen

Konsequentes Fördern von Frauen und Umsetzen von Frauenförderprogrammen führt zu einem ausgewogenen Geschlechterverhältnis und damit zu optimalen, effizienten Teams. Die Talente und Stärken von Frauen und Männern zu kombinieren, ist das Geheimnis von erfolgreichen Unternehmen und unternehmerischen Einheiten. Dazu gehört auch ein Klima, indem Frauen und Männer sich sicher und auch bei der Arbeit wohl fühlen können, wenn sie sich für eine Babypause entscheiden, ebenso wie die Möglichkeit durch Teilzeit und Telearbeit wieder schnell den Anschluss an den Beruf zu finden.

Würden Sie an Ihrem Weg etwas ändern, wenn Sie die Chance hätten?

Nein, ich habe auch keinen Preis für meine Karriere bezahlt. Ich habe natürlich als Referatsleiterin schon Diskriminierungen erlebt und musste erst lernen, damit umzugehen. Ich hatte eben diesen tollen Chef, der hat mich immer in externe Sitzungen geschickt und dort waren nur Männer und die haben mich immer unterbrochen, wenn ich mich zu Wort gemeldet habe. Ich habe mich darüber sehr geärgert, weil ich weitaus kompetenter war, als die meisten Männer dort und diese hat niemand unterbrochen.

Was raten Sie den Frauen, die unser Buch lesen werden?

Ich rate den Frauen eine Ausbildung in einem Zukunftsberuf zu wählen, da bietet sich die IKT an. Ich rate den Frauen auch zu zeigen, was sie leisten und darüber zu sprechen und ihrem/r ChefIn zu sagen, welche Vorstellungen für die Zukunft man hat. Es ist wichtig einen Job zu finden, in dem man sich wohl fühlt und man soll sich auch trauen etwas anderes zu machen, wenn es einem nicht mehr gefällt. ■

Dipl.-Ing. Carole Tomaschek, Leiterin Informationstechnologie, Wiener Krankenanstaltenverbund

Seit 1977, direkt nach Absolvierung des Informatikstudiums an der TU Wien ist Frau Tomaschek in der Stadt Wien tätig.
Seit 1999 leitete Sie die Dienststelle IGV, die 2006 mit den beiden anderen damals existierenden IT-Abteilungen EMB und Wienkom zusammengelegt wurde. Die daraus entstandene Dienststelle KAV-IT (derzeit ca. 360 fixe MitarbeiterInnen) leitet sie seit 2006.
Neben dem Informatikstudium hat Frau Tomaschek auch eine Ausbildung zur staatlich geprüften Klavierpädagogin absolviert, sich dann aber beruflich für die IT entschieden. ■

Lobbyistin der

Menschlichkeit

Petra Jenner
Geschäftsführerin Microsoft Österreich

Frau Jenner, wie geht es der IT-Branche?

Unter den gegebenen Umständen eigentlich erstaunlich gut. Die IT-Branche ist einfach krisenresistenter, weil in der Krise die IT oft ein Werkzeug ist, um Kosten zu senken und damit eine Dienstleistung ist, die im Moment sehr gefragt ist. In Krisenzeiten müssen Geschäftsprozessveränderungen und Strukturveränderungen im positiven Sinne durchgeführt werden. Da kann die IT einen wichtigen Beitrag leisten. Wir sind ein „enabler“, auch wenn ich versuche, solche Anglizismen zu vermeiden; allerdings komme ich gerade von einer längeren Dienstreise aus den USA und habe zuletzt mehr Englisch als Deutsch gesprochen.

Sie haben in letzter Zeit sehr intensiv international gearbeitet! Worum ging es?

Wir hatten mehrere internationale Meetings, unter anderem ein weltweites Kick off von Microsoft. Es war sehr spannend zu sehen, dass in vielen, vor allem in noch nicht so reif entwickelten Ländern, großes Entwicklungspotenzial besteht.

„In Krisenzeiten müssen Geschäftsprozessveränderungen und Strukturveränderungen im positiven Sinne durchgeführt werden. Da kann die IT einen wichtigen Beitrag leisten."

Wie sind Sie in die IT-Branche eingestiegen?

Geplant habe ich es nicht, in die IT-Branche einzusteigen, das war eher zufällig. Ich studierte Französischdolmetscherin. Aber dann nahm ich eine Aufgabe in einem IT Unternehmen an und mein Chef hat jemanden gebraucht, der sehr gut Englisch und Französisch spricht. Damit wurde ich seine Assistentin und habe viel übersetzt. Schnell habe ich bemerkt, dass es mir langfristig nicht reicht, die Dinge zu übersetzen, die andere gesprochen haben und habe mich dazu entschlossen, wieder zu studieren. Ich habe dann Betriebswirtschaft und Wirtschaftsinformatik berufsbegleitend studiert, was sehr anspruchsvoll war. So würde ich das heute sicher nicht mehr machen.

Wie alt waren Sie damals?

23 Jahre und da macht man so etwas noch – heute wäre mir das zu anstrengend. Allerdings hat es damals auch sehr viel gebracht, weil ich alles Gelernte gleich in die Praxis umsetzen konnte. Ich habe alle Bereiche im Unternehmen durchgemacht. Ich bin von der Assistenz der Geschäftsführung in den Vertrieb und ins Marketing gegangen und habe dann auch im technischen Support gearbeitet. Ein Bereich, in dem es damals keine Frauen gab. Ich wurde am Telefon auch immer begrüßt mit: „Wunderbar – können sie mich bitte mal zu ihrem technischen Berater weiterverbinden?" „Nein, der bin ich!" „Was? Sie können mir weiterhelfen?"

Wie lange sind Sie jetzt schon in der IT-Branche tätig?

Insgesamt bin ich 23 Jahre in der Informations- und Kommunikationstechnologie in verschiedenen Positionen tätig – vom Vertrieb über das Marketing bis zu technisch affinen Positionen. Ich war in einigen internationalen Unternehmen angestellt, wie zum Beispiel Sybase und Informix, wobei ich bei Informix den für mich bis dahin größten Karrieresprung gemacht habe und erstmals Mitglied der Geschäftsleitung wurde. Dort habe ich auch die größte Erfahrung sammeln können. Ich hatte immer schon einen sehr starken Hang zu indirekten Vertriebsstrukturen in der IKT. Microsoft ist dank der vielen Partnerunternehmen erfolgreich. Ohne diese „Veredelung" wäre der Support, die Vermarktung nicht machbar und der Erfolg nicht so groß.

Haben Sie immer in internationalen Unternehmen gearbeitet?

Ja, bis auf zwei waren alle Unternehmen aus den USA. Eine Ausnahme war Check Point, ein israelisches Unternehmen, bei dem ich vor Microsoft war. Das war spannend, weil ich mit anderen Kulturen zusammenarbeiten konnte. Insgesamt bin ich aber amerikanisch geprägt, was mitunter sehr herausfordernd sein kann, weil die Prinzipien vollkommen anders sind.

Apropos, amerikanisches Untenehmen! Wir haben die Erfahrung gemacht, dass amerikanische Unternehmen weit weniger Probleme damit haben, Frauen in Spitzenpositionen zu bringen und Führungsfrauen zu akzeptieren. Gibt es hier einen kulturellen Unterschied zwischen Amerika und Europa bzw. dem deutschsprachigen Raum?

Ich bin mit dem Thema Frauenförderung im Zwiespalt. Ich glaube nicht, dass amerikanische Unternehmen eine frauenfreundlichere Kultur haben. In amerikanischen Unternehmen funktioniert alles nach dem Leistungsprinzip. Wenn du eine Leistung erbringst, kommst du weiter. Wenn du keine Leistung erbringst, dann kommst du nicht weiter. Es stimmt aber, dass in Amerika viele Frauen in Spitzenpositionen sind, eben weil es um das Leistungsprinzip geht.

Das ist doch ein gutes Gefühl für eine Frau oder?

„Ich bin der Überzeugung, dass das hergebrachte Management mit dramatischen Hierarchien aussterben wird.“

Ja, das ist ein gutes Gefühl und so ist es auch richtiger, als das ewige „Frauen fördern", weil es ja impliziert, dass wir Frauen immer noch Förderung brauchen und nicht gut genug sind. Ich bin der Meinung, dass Frauen, wie Männer, eine Arbeit eben gut oder schlecht erbringen, je nach Können. Da mache ich keine Unterschiede. Ich bin dafür, dass eine Kultur und ein Umfeld geschaffen werden, wo jeder, ob Frau oder Mann, seinen Beitrag leisten kann und die Möglichkeit hat, sich zu entwickeln, ohne dabei diskriminiert zu werden.

Wäre die Einführung einer Quote ein geeignetes Mittel, um diese veralterten Strukturen zu durchbrechen?

Quoten sind gut und werden gerne angewandt – sie schaffen ein gewisses Bewusstsein. Aber die Auswirkungen sind für Frauen nicht angenehm. Immer wenn eine Frau in eine Position kommt, wird gefragt, ob sie nur eine Quotenfrau ist. Das finde ich nicht so toll. Ich bin ohne Quote in diese Position gekommen. Ich bin der Meinung, dass der Leistungsgedanke funktioniert.

Viele Frauen wollen diesen Weg auch nicht gehen – da hilft die beste Frauenförderung nichts. Es ist ein schwerer Weg, aber er ist für Männer und Frauen gleich schwer, nur für Frauen ist er ungewohnter.

Warum ist er für Frauen ungewohnter?

Das hängt mit der Gesellschaft zusammen, wobei sich schon sehr viel getan hat. Meine ersten Karriereschritte habe ich gemacht, da gab es den Begriff „gender diversity" noch gar nicht und auch keine Frauenquote.

Oft stellt man Frauen die Frage: „Warum tust du dir das an?" Bei Männern ist es selbstverständlich, dass sie sich um ihre Karriere kümmern.

In der IKT-Branche, vor allem in Österreich, gibt es sehr wenige Frauen in Spitzenpositionen. Ist das immer noch so, dass Frauen Angst vor der IKT haben?

Ich glaube, dass die Branche noch immer mit ihrem Image zu kämpfen hat, eher trocken und kompliziert zu sein und keine typischen Frauenthemen anbietet, wie Gestaltung, Kreativität etc. Wir haben hier als Branche ein Wahrnehmungsproblem. Es würden viele Bereiche in der IKT besser funktionieren, wenn wir mehr Frauen hätten, etwa in den Bereichen Produktdesign oder Visualisierung. Da gibt es Nachholbedarf und dieser beginnt schon in den frühen Jahren im Bereich Kindererziehung und Schule. Hier müssen sich die Unternehmen engagieren. Leider werden wir die Ergebnisse vielleicht erst in 10 Jahren wahrnehmen.

In den Bereichen wo die Medienkonvergenz stattfindet, also etwa Web 2.0, finden sich schon wieder mehr Frauen. Die IKT-Verpackung gefällt den Frauen nicht. Ich kann aber nur jeder Frau sagen: „Mach die Verpackung auf und schau hinein! Es lohnt sich."

Wir haben die Hypothese aufgestellt, dass Unternehmen, die von Frauen geleitet werden, Krisen besser überstehen. Glauben Sie auch, dass Frauen und Män-

ner einen unterschiedlichen Managementstil pflegen? Managen Frauen vielleicht nachhaltiger?

Ich glaube, dass Frauen und Männer unterschiedlich managen. Nicht unbedingt nachhaltiger, das wäre ungerecht. Es geht mehr um die Art, wie gemanagt wird. Für Männer manchmal gewöhnungsbedürftig. Männer sind risikofreudiger, Frauen etwas weniger. Frauen gehen erst ein Risiko ein, wenn sie alle Konsequenzen im Geiste simuliert haben. Frauen können oft mit der Härte mancher Entscheidungen schlecht umgehen, wie z.B. bei harten Personalentscheidungen. Hier sind Frauen schon von Kindesbeinen an auf Harmonie und auf Zusammenhalten und Zusammenfügen geprägt und sie müssen erst lernen, dass Sie manchmal auch zuerst zerstören müssen, um dann neu zusammenzufügen. Das ist sicher ein Unterschied zwischen Männern und Frauen.

„Es würden viele Bereiche in der IKT besser funktionieren, wenn wir mehr Frauen hätten, etwa in den Bereichen Produktdesign oder Visualisierung."

Den größten Unterschied gibt es sicher bei der Personalführung. Frauen haben einen integrativeren Ansatz als Männer. Ich will aber nicht verallgemeinern. Ich kenne auch Männer, die sehr weiblich führen und Frauen, die sehr männlich führen. Ich meine hier eher das Prinzip männlich und das Prinzip weiblich.

Frauen haben oft ihre Weiblichkeit aufgegeben – gerade in der IT-Branche, um sich ihren männlichen Kollegen anzupassen. Kann das ein Weg für Frauen sein, Karriere zu machen?

Ja, ich weiß, dass es diese Frauen gibt. Ich sehe sie auch, aber ich habe diesen Weg nicht gewählt, ich will weiblich bleiben. Ich glaube das Prinzip, das einen weiterbringt ist, authentisch zu bleiben. Selbst unangenehmste Themen kann man mit einer menschlichen und positiven Grundhaltung abwickeln.

Muss man doppelt so viel arbeiten als Frau?

Nein! Die Frauen arbeiten sehr viel auch hier bei Microsoft. Es geht um die Ergebnisse und nicht um die Quantität. Ich sage meinen Frauen immer: Arbeitet an Ergebnissen und schaut, dass ihr dann auch darüber sprecht. Frauen glauben oft, dass es reicht, wenn sie doppelt so hart arbeiten und dass dann schon jemand mit hellseherischen Fähigkeiten kommt und erkennt, dass sie so hart gearbeitet haben und sie dafür belohnt.

Frauen, lernt zu sagen, was ihr möchtet! Die Artikulation des persönlichen Wunsches ist von Bedeutung. Das ist für Frauen immer noch ein schwieriges Unterfangen.

Was machen Sie dazu in der Microsoft?

Indem ich Gespräche mit den Frauen führe und ich ein wenig ihr Mentor bin. Ich versuche, sie dazu zu bringen, zu sagen, was sie gerne machen oder werden wollen. Meine Erfahrung ist, dass die Frauen, die sich klar artikulieren, auch weiterkommen.

Sie haben erwähnt, dass viele Frauen gar nicht den Weg der Karriere gehen wollen. Gibt es einen Preis, der bezahlt werden muss, um Karriere zu machen? Was ist Ihr persönlicher Preis?

Ich glaube für jede Entscheidung zahlt man etwas. Die Entscheidung, ob Familie oder nicht, ist ein Preis. Man führt ein ganz anderes Leben als viele andere Frauen. Es gibt noch immer gesellschaftlich einen Unterschied. Mein persönlicher Preis ist es wesentlich weniger Freizeit im Vergleich zu anderen Frauen oder Freundinnen zu haben. Mein Leben ist extrem durchgetaktet und Zeit ist mein höchstes Gut. Dafür erlebe ich viele interessante Situationen. Ich lerne in jeder Woche ganz viel Neues und treffe nette und interessante Menschen. Das finde ich spannend.

Das heißt, die Frage ist eigentlich – Kind oder nicht Kind?

Genau. Irgendwann muss man sich die Frage stellen – wann möchte ich Kinder? Ich glaube, dass alles, so wie es kommt, auch so sein soll und die Herausforderung ist. Wenn das Kind da ist – wieviel bin ich bereit, da noch in die Arbeit zu investieren und wie lange bleibe ich beim Kind zu Hause.

Hat das Unternehmen eine Verantwortung, dieses Problem zu lösen?

Nein, die gesetzlichen Rahmenbedingungen sind hier natürlich auch gefragt.

Oft sind gesellschaftspolitisch richtige Entscheidungen eine große Herausforderung, aber unternehmerisch schwierig oder unattraktiv. Ich glaube, man muss hier partizipativer denken. Die Forderungen, wie z.B. den Arbeitsplatz freizuhalten, sind richtig, aber schwer umzusetzen. Das ist für viele Unternehmen sehr schwer und für eine dynamische Branche wie die IKT eigentlich unmöglich.

Allgemein gilt die Annahme, dass Männer Profis im Netzwerken sind. Sehen Sie das auch so?

Sind sie das wirklich? Ich habe eher den Eindruck, dass es vor allem Studienfreundschaften sind bzw. Netzwerke, die durch das ehemalige gemeinsame Arbeiten entstanden sind. Ich kenne eigentlich keine wirklich guten Männernetzwerke. Die kennen sich aus dem Job oder aus dem Studium und treffen einander daher. Es ist eher so „den kenne ich von früher, den ruf ich mal an!" In der IKT-Branche ist das Wechseln zwischen Unternehmen häufig.

Meine Wahrnehmung ist eher so, dass die typischen Networking-Männer einander schon sehr lange kennen und gewachsenen Beziehungen haben.

Ich finde, Frauen können sehr viel besser netzwerken – ich finde es jedoch falsch, wenn Frauen nur mit Frauen netzwerken. Ich tendiere dazu, wie in der normalen Welt mit Frauen und Männern zu netzwerken. Es gibt viele Frauennetzwerke mit sehr vielen enttäuschten Frauen, was schade ist, weil die professionellen, gut gemachten Frauennetzwerke darunter leiden.

Männer absolvieren viele Abendveranstaltungen an einem Abend und Frauen gehen oft nur auf eine Veranstaltung, weil das sonst ihrem Pflichtgefühl widerspricht. Sehen Sie das auch so?

Ja, das machen sie sehr klug. Männer verbringen weniger Zeit mit netzwerken, aber sehr viel effizienter als Frauen. Ich sage das ganz offen, ich werde das in Zukunft auch so machen, dass ich überall eine halbe Stunde bin und dann wieder weiterschaue. Männer sind hier viel selektiver als Frauen. Es ist auch nicht notwendig, immer und überall zu sein.

Gibt es etwas, worauf Sie ganz besonders stolz sind, wenn Sie auf Ihre Karriere zurückblicken?

Ich glaube es sind zwei Dinge:

1. Ich bin derselbe Mensch geblieben! Ich habe natürlich mehr Erfahrung, aber der Grundkern ist gleich.

2. Ich habe immer den Menschen im Vordergrund gesehen und ich habe mir vorgenommen, eine Lobbyistin für mehr Menschlichkeit im Management zu sein. Ich werde dafür sorgen, dass das Management dahingehend revolutioniert wird. Man kann Menschen fördern und führen, ohne gewisse Machtstrukturen auszunutzen. Ich bin mir meiner Macht bewusst. Ich setze sie immer so ein, dass ich mich am nächsten Morgen in den Spiegel sehen kann. Mein Mantra ist Menschlichkeit. Ich bin der Überzeugung, dass das hergebrachte Management mit dramatischen Hierarchien aussterben wird und das Neue viel mit Partizipation, mit Integration und mit Harmonisierung der Kompetenzen zu tun haben wird. ■

Aus der Sicht der Herausgeberinnen

Es gibt den kleinen Unterschied zwischen Männern und Frauen tatsächlich und dieser kommt auch bei der Bewältigung von Führungsaufgaben zu tragen. Allerdings geht es nicht um besser oder schlechter, sondern um unterschiedliche Schwerpunkte und Lösungswege, um das männliche und das weibliche Prinzip, die in Kombination unschlagbar sind. Strukturen und Hierarchien sind oft männlich geprägt. Frauen arbeiten jedoch vielfach effizienter in partizipativen, menschlichen Umgebungen.

Sich selbst treu bleiben und auch mal „gegen den Strom schwimmen“, akzeptieren, dass alles im Leben einen Preis hat und dass Dinge kommen, wie sie kommen. Faszinierend, entspannend und Mut machend für viele – manchmal zweifelnde – Frauen aber hoffentlich auch für Männer.

Petra Jenner, Geschäftsführerin Microsoft Österreich

Seit Feber 2009 hat Petra Jenner (45) die Geschäftsführung der Österreich Niederlassung von Microsoft inne. Davor war sie im Management des israelisch-amerikanischen Sicherheits-Spezialisten Check Point Software Technologies. Vom Standort München aus war die gebürtige Deutsche Regional Director für Deutschland, Österreich und die Schweiz; seit 2008 verantwortete sie zusätzliche Länder in Nordeuropa und leitete damit für Check Point Software die größte Region in Europa. Zuvor war die Betriebswirtin und Wirtschafts-Informatikerin als Geschäftsführerin bei der Pitoval GmbH in München tätig. Weitere Management Erfahrungen sammelte Petra Jenner seit Beginn der 90iger Jahre bei Unternehmen wie iMediation, Informix Software und Sybase.

In ihrer Freizeit pflegt Petra Jenner Hobbies wie Reisen, Tanzen, Skifahren und Yoga. Petra Jenner ist verheiratet und lebt seit Anfang 2009 in Wien. ■

Ich bin Über

ZEUGUNGSTÄTERIN

HEIKE SCHOLZ
Herausgeberin, Beraterin, mobile-zeitgeist.com

Wie Frauen die Männerdomäne Informations- und Kommunikationstechnologie verändern und bereichern – was fällt Ihnen dazu spontan ein, was heißt das für Sie?

Auch die stark technologiegetriebene IKT-Branche hat viel zu wenige Frauen in maßgeblichen Positionen. Sie unterscheidet sich damit nicht von anderen Branchen. Unter den 192 Vorstandsmitgliedern der DAX-30-Unternehmen sind lediglich zwei Frauen. Damit verzichten die Unternehmen auf ein enormes Potenzial vor allem aus ökonomischer Sicht. Immer mehr Studien zeigen, dass Unternehmen mit Frauen in der Chefetage einen höheren Return on Equity haben. Erste Unternehmen reagieren hierauf. So freue ich mich, dass gerade einer unserer großen Player, die Deutsche Telekom bis 2015 jede dritte Managementstelle mit einer Frau besetzen wird.

Ich selbst würde mir viel mehr Frauen in unserer Branche wünschen. Manche Produkte und Dienste würden anders und in meinen Augen besser sein, wenn mehr Frauen mitentscheiden würden. Das heißt nicht, dass Frauen per se die besseren Menschen oder Manager wären. Doch meine Erfahrung ist bisher immer gewesen, dass möglichst gleichmäßig besetzte Teams erheblich schneller, effektiver und kreativer sind. Da Frauen in vielen Situationen einfach anders als Männer agieren, bereichert die Vielfalt das Zusammenspiel, fördert zum Beispiel kreative Prozesse und dämpft die bei Männern stärker ausgeprägte Risikobereitschaft.

Derzeit führen wir in Deutschland wieder einmal die Diskussion über eine Frauenquote in den Unternehmen. Hier sind uns andere europäische Länder weit voraus, wie zum Beispiel Norwegen, das bereits 2008 eine gesetzliche Frauenquote von 40 Prozent in den Kontrollgremien der börsennotierten Unternehmen beschlossen hat. Ich war nie eine Freundin der Frauenquote, doch wenn wir uns anschauen, was sich in den vergangenen Jahren verändert hat, dann wird klar, dass der Frauenanteil nur in homöopathischen Dosen wächst. Das ist einfach zu langsam, denn das überwiegend männliche Beharrungsvermögen scheint übermächtig und die sich mit immer höherer Geschwindigkeit verändernden Märkte erfordern flexible Unternehmen, in denen Frauen an den Entscheidungsprozessen beteiligt sein müssen.

Darüber hinaus sind für eine Gesellschaft, in der über die Hälfte aller Menschen weiblich sind und die wichtigste Käuferschicht darstellen, die heutigen Verhältnisse einfach unnatürlich. Wir haben uns nur schon so sehr an diesen Zustand gewöhnt, dass er uns nicht mehr besonders auffällt.

Was waren Ihre Beweggründe, sich selbständig zu machen, den Blog „mobile zeitgeist" zu gründen und Bloggerin bzw. Beraterin zu werden?

Ich denke, ich bin hier durchaus ein wenig erblich vorbelastet. Bei uns zu Hause gab es kein klassisch-traditionelles Familien- und Rollenbild, denn meine Mutter war voll berufstätig und mein Vater selbständig. Ich bin also in einem eher untypischen Elternhaus aufgewachsen. Unternehmerische Effizienz und Ehrgeiz wurden mir vorgelebt. Obwohl ich selbst auch schon im Angestelltenverhältnis gearbeitet habe, wusste ich eigentlich immer schon, dass aufgrund meines ausgeprägten Freiheitsdranges langfristig nur eine selbständige Tätigkeit für mich ideal ist. Etwas, wo ich mich einbringen und ausleben kann.

Warum der Blog mobile-zeitgeist.com: Meine Homepage gab es ja schon länger. Doch war ich mit dieser unzufrieden. Sie war mir zu statisch – ich wollte Dynamik hineinbringen. Darüberhinaus war und bin ich schon seit Jahren davon überzeugt, dass die Zukunft im „mobile" liegt und da ich Überzeugungstäterin bin – ich „lebe" mobile Themen ja faktisch auch – wollte ich auch gleich wissen, wie sich das alles „anfühlt". 2005 hatte ich noch nicht den Ehrgeiz, mit mobile-zeitgeist.com ein Megaformat zu machen, bin damals eher nach dem Motto vorgegangen, „langsam ernährt sich das Eichhörnchen" und dachte, es wird schon ein Leser nach dem anderen kommen. Man muss auch bedenken, dass vor rund fünf Jahren bei vielen noch die Meinung vorherrschte, „Blogs sind die Klowände des Internets" und dazu kommt noch, dass hier eine Frau über Themen aus dem Technikumfeld schreibt, alles in allem war das schon sehr viel anders und außergewöhnlich bis eher fremd!

„Es gehört Selbstbewusstsein, Egoismus und ein dickes Fell dazu. Doch das sind keine schlechten Eigenschaften. Ich persönlich würde vielen Frauen wünschen, mehr dieser Eigenschaften zu besitzen."

Hier müssen wir unbedingt gleich einhaken: Blogs, die Klowände des Internets! Wie ist es Ihnen mit dieser Kritik, mit diesem Angriff auf Ehre, Reputation und Kompetenz persönlich ergangen?

Da muss man vorausschicken, dass es im deutschsprachigen Raum weniger Feedback auf Blogs gibt – ganz im Gegensatz zum amerikanischen Raum, wo Kommentare und Diskussionen auf der Tagesordnung stehen. Auch ich hatte zuerst kein Feedback auf meinen Blog, auf meine Postings. Das hat auch mich anfänglich durchaus etwas verunsichert, denn ich wusste ja nicht, ob „da draußen" jemand ist, der meine Beiträge auch liest. Lediglich durch die Analysetools auf meinen Seiten wusste ich über Zugriffszahlen Bescheid und darüber, wie viele meinen Newsletter und den RSS Feed abonniert haben.

Ich wollte vor allem am Anfang durchaus öfters in die Community rausrufen: Hallo, hört mich da draußen überhaupt jemand?

Zum Thema Angriff auf Ehre und Kompetenz ist folgender Aspekt von Bedeutung: In den USA loben sie dich zuerst – nach dem Motto: „Hey, gut

„Ich bin lieber eine Große auf einem kleinen Markt,
statt einer Kleinen auf einem großen Markt."

geschrieben – ich bin aber anderer Meinung!", in Deutschland sagt kaum mal jemand etwas und wenn, dann fallen sie leider häufig über einen her wie die Hyänen. Es erfolgt nur wenig diskursive, sachliche Kritik.

Appropos RSS Feeds! Wir durften als interessierte Blog-Leserinnen über die vergangenen Jahre beobachten, wie zuerst langsam nun aber stetig und expansiv das „Who is Who" der deutschen IKT Szene den RSS Feed abonniert und die Beiträge und Specials liest. Wie hat sich das entwickelt?

Das erste Mal wenn die tägliche Leserschaft dreistellig ist, denkt man sich schon „wow" und ist sehr sehr stolz – doch glücklicherweise entwickelte sich die Zahl meiner Leserinnen und Leser beständig weiter. Für mich ist das Bloggen in zweierlei Beziehung sehr wichtig. Einerseits wegen der unglaublich spannenden und sich permanent weiterentwickelnden mobilen Thematiken an sich, und andererseits wegen des Schreibens selbst. Ich schreibe leidenschaftlich gerne. Jemand der nicht gerne schreibt, ist beim Bloggen nicht gut aufgehoben.

Sie sprechen wie selbstverständlich über digitale Werkzeuge, wo andernorts viele gerade erst dabei sind RSS Feeds und Reader anzubieten. Hatten Sie einen besonderen Riecher, oder sind alle anderen einfach so spät dran?

„Nein, ich habe auf keinen Fall das Gefühl, einen Preis zu bezahlen. Mein Berufleben ist so, wie ich es mir immer gewünscht habe."

Es ist schon ein wesentlicher Charakterzug von mir, neugierig zu sein auf Neues und sich darauf – manchmal auch sehr früh – einzulassen. Außerdem suche ich immer nach Dingen, die mir die Arbeit und das Leben einfacher machen und effizienter werden lassen. Es ist ohne Neugierde auf Neues gerade in der IKT sehr schwer, sich zu behaupten und unmöglich etwas zu bewegen. Ansonsten bin ich generell der Überzeugung, dass Trends in der IKT durchaus einige Jahre – so vier bis sechs – brauchen, um auch in die breite Masse zu gelangen, d.h. mit Breitenwirkung angenommen zu werden.

Springen Sie also auf jeden Hype bzw. Trend gleich als Erste auf? Bisher haben wir eher bei Männern das Phänomen beobachtet, dass sie auf fast jedes Gadget, jeden Trend in der IKT geradezu „abfahren" und sich gerne als die Super-User ihrer neuen „Spielzeuge" geben. Wie sehen Sie das?

Natürlich probiere ich Dinge aus – das muss ich sowohl in meiner Rolle als Beraterin als auch als Bloggerin. Dabei teste ich jedoch keineswegs alles und nicht jeden neuen Hype. Zeichnet sich ab, dass sich ein Trend verfestigt, schaue ich mir das natürlich an. Ich bin jedoch sicher kein typischer Trendscout, keine Frau die sofort 35 Dinge gleichzeitig ausprobiert, um dann sagen zu können: „Ja, da war ich eine der Ersten!"

Ich kann jedoch auch nicht leugnen, ein „Geek" zu sein. Doch bin ich hier eine typische Frau, denn mich interessieren weniger die neuesten Gadgets als vielmehr Services, die mir meinen Alltag erleichtern.

Das heißt also, man kann auch ganz vorne dabei sein, ohne sofort die Ver-

pflichtung zu haben, jedem IKT-Trend nachzulaufen und auf jeden Hype und jede neue Entwicklung sofort aufgesprungen zu sein? Ganz offen: eine durchaus beruhigende Aussage – vor allem, wenn so etwas von Ihnen kommt!

Ja genau! Denn ich sage den Menschen immer: Du musst nicht in Facebook sein, du musst nicht Twittern, du musst keinen eigenen Blog betreiben, diese Dinge sind keinesfalls ein MUSS für ALLE – wenn die oder der Einzelne das aber für den Job braucht, um authentisch zu sein und um ernst genommen zu werden, also diese Tools quasi Teil der beruflichen Qualifikation darstellen, dann ist es jedoch selbstverständlich, sich auszukennen.

Worin besteht der Mehrwert den Blog mobile-zeitgeist.com zu lesen und wer sind die Leserinnen und Leser?

Meinen Blog lesen vor allem (mobile) BranchenkollegInnen, VertreterInnen der Telcos, der Telekomdienstleister, allgemein Agenturen, davon viele Online-Kreativagenturen und auch sehr viele StudentInnen – d.h. die nächste Generation, die „digital natives". Außerdem lesen mich viele Redakteure aus dem klassischen Medienbereich und natürlich die Gerätehersteller.

Der Mehrwert für meine Leserinnen und Leser liegt nicht in erster Linie darin, die neueste Headline zu erhalten, sondern eine neutrale und eher zurückhaltende Berichterstattung zu bekommen – durchaus kritisch, aber niemals absichtlich provozierend. Meine Leserinnen und Leser schätzen, dass sie ein umfassendes Bild zu handverlesenen aber auch zu neuralgischen Themen erhalten, ergänzt mit viel Hintergrundwissen und Online-Verlinkungen.

Wir haben festgestellt, dass Sie Ihren Blog nicht kommerzialisieren – warum? Wie lautet Ihre generelle Einstellung dazu? Glauben Sie, dass man vom Bloggen leben kann?

Grundsätzlich kann man auch im deutschsprachigen Raum vom Bloggen leben – wenn man das richtige Thema hat. Ich habe mit „mobile" jedoch ein Nischenthema – ich schreibe nicht über Medien im Allgemeinen und noch ist Mobile von der Reichweite der Leserschaft nicht ausreichend, um davon leben zu können. Ich glaube jedoch, wenn die Zielgruppe groß genug ist, kann man durchaus einen Blog von Zentraleuropa aus betreiben und davon leben. Allerdings nicht auf Deutsch sondern auf Englisch. Auch ich wurde bereits gefragt, warum ich nicht in englischer Sprache blogge. Meine Antwort dazu: „Ich bin lieber eine Große auf einem kleinen Markt, statt einer Kleinen auf einem großen Markt."

Sie würden also Ihre „uniqueness" d.h. Ihre Einzigartigkeit verlieren?

Ja, ich bin hier im deutschsprachigen Raum der „Platzhirsch" in meiner Branche und fördere auch gerne neue Blogger mit Verlinkungen. Natürlich könnte ich auch, wenn ich mich neu aufstellen würde, meinen Blog monetarisieren, dabei würde ich aber meine Identität verlieren und so habe ich mich entschieden, meine Unabhängigkeit beim Schreiben zu behalten und mein Geld als Beraterin zu verdienen. Dennoch gibt es auf meinem Blog für einzelne Artikel, Themenstrecken oder die quartalsweise erscheinenden Specials Sponsoren, die ich offen nenne und weder meine LeserInnen noch meine KundInnen haben damit Berührungsängste.

Sie sehen Ihren Blog als B2B Fachmedium. Heißt das, es bräuchte ein unabhängiges B2C Medium, um die Themen in die breitere Masse zu bekommen? Wo gibt es Informationen bzw. ein Medium, das den Mainstream mit Informationen und Trends versorgt?

Nein, denn ich glaube wir haben ein Problem alle Themen abzudecken, weil es zu viele Bereiche sind – die Themen sich zu stark auffächern, d.h. splitten. Das derzeitige und generelle Problem für den Konsumenten ist, welcher Quelle, welcher Seite kann ich vertrauen? Wie nutze ich die vielfältigen Angebote richtig und für mich zeitoptimal?

Sehen Sie diese Thematik bei einer öffentlich rechtlichen Institution angedockt?

Im gesamten Themenbereich Bildungsauftrag und Medienkompetenz gibt es vielfältige und vollkommen unterschiedliche Baustellen. Denn einerseits müssen wir die Jugendlichen ausbilden und ihnen beibringen, wie sie sich im Web richtig verhalten und relevante Informationen etc. konsumieren können. Andererseits müssen wir die Lehrkräfte entsprechend ausbilden. Fakt ist, dass diese zum Teil sehr wenig aktuelles Web-Wissen besitzen und damit leider auch noch kokettieren bzw. teilweise sogar stolz zu sein scheinen, und meinen, davon nicht berührt zu sein. Dabei ist es überhaupt nicht lustig, wenn ein Lehrer sich in diesem Bereich nicht auskennt, sondern ein ernstes Problem. Ja, hier sehe ich durchaus auch einen Auftrag, einen Guide durch den Internetdschungel, über öffentliche Einrichtungen, die Medienkompetenz vermitteln und neutral sein können, anzubieten.

Haben Sie das Gefühl für Ihren Lebens und Erfolgsweg einen Preis zu bezahlen?

Nein, ich habe auf keinen Fall das Gefühl, einen Preis zu bezahlen. Mein Berufsleben ist so, wie ich es mir immer gewünscht habe. Mit hohem Risiko, aber auch hohen Freiheitsgraden, mit einer enormen Dynamik, täglichen Herausforderungen, ständiger Weiterentwicklung und unglaublich vielen beeindruckenden und inspirierenden Menschen.

Ich sehe jedoch sehr klar, dass ich als Single gegenüber anderen Frauen, die eine Familie haben, einige Vorteile habe.

Haben Sie noch Tipps für unsere LeserInnen – was können Sie Frauen in der IKT empfehlen, was sollten Frauen anders machen?

Frauen haben sich viel zu sehr daran gewöhnt, gemocht zu werden und nicht an exponierter Stelle zu stehen. Streitbar zu sein, die eigene Position zu verteidigen und das womöglich noch auf einer Bühne bedeutet, sich darüber im Klaren zu sein, dass dies hart und einsam sein kann. Es gehört schon Selbstbewusstsein, Egoismus und ein dickes Fell dazu. Doch das sind keine schlechten Eigenschaften und ich persönlich würde vielen Frauen wünschen, mehr dieser Eigenschaften zu besitzen.

Auch für mich selbst war es ein Lernprozess. Bin ich früher auf einem Podium vor Nervosität und Selbstzweifeln fast gestorben, bin ich heute vergleichsweise gelassen. Lampenfieber habe ich immer noch, das ist auch gut und notwendig in solchen Situationen. Doch kann ich mittlerweile die Auftritte genießen und sie machen mir Spaß.

Eine der wenigen Frauen zu sein, hat auch einen unschätzbaren Vorteil. Die Aufmerksamkeit der anderen ist einem gewiss, ist Frau doch fast ein Exot. Dies für sich zu nutzen, ist ein dringender Rat, den ich anderen Frauen mitgeben möchte. Für Männer ist es ungleich schwerer, im Heer der auch kleidungsmäßig uniform daher kommenden Businessmen aufzufallen. Wir Frauen können uns sicher sein, bemerkt zu werden.

Etwas, was Frauen unbedingt von Männern lernen sollten, ist, sich besser zu vernetzen. Im heutigen Geschäftsleben sind Kontakte überlebenswichtig. Frauen netzwerken anders als Männer, fühlen sich manchmal unwohl, einen Kontakt nur nach seiner Nützlichkeit für das eigene Vorankommen zu bewerten. Doch genau das ist es, was Männer uns voraus haben. Sie gehen hier viel nüchterner und überlegter heran, wissen dies von sich und auch von ihrem Gegenüber. Frauen sollten hier wirklich egoistischer sein. Das bedeutet nicht, unhöflich oder uncharmant zu sein. Es bedeutet lediglich, sich darüber im Klaren zu sein, wer einen beruflich weiterbringt und wer eben nicht und nicht nur, aber überwiegend nach diesen Kriterien sein berufliches Netzwerk aufzubauen und zu pflegen. ■

Aus der Sicht der Herausgeberinnen

Frauen können in der IKT durchaus tonangebend sein und durch interessante, innovative Produkte und Dienstleistungen zu Meinungsbildnerinnen für eine gesamte Branche werden. Sie müssen nur den Mut aufbringen, zu ihrer Geschäftsidee zu stehen und sich dabei selbst treu zu bleiben. Netzwerke helfen in der operativen Umsetzung, wenn Frau in der Lage ist, diese auch für die eigene Karriere zu „bespielen“ und sich innerhalb dieser als Expertin zu positionieren.

Die Bedeutung der Medienpädagogik für die Entwicklung einer Volkswirtschaft ist beachtlich – wird jedoch leider noch nicht umfänglich von allen relevanten Stellen erkannt. Die Verantwortung zur Vermittlung von „state of the art“ Medien Kernkompetenzen liegt im öffentlichen Bereich, ohne die Mitarbeit und Partizipation der IKT-Wirtschaft insgesamt wird eine Umsetzung jedoch kaum möglich sein.

Diplom-Kauffrau Heike Scholz, Herausgeberin, Beraterin, mobile-zeitgeist.com

Die 44jährige Heike Scholz begann ihre berufliche Karriere mit einer kaufmännischen Ausbildung bei Philips, studierte im Anschluss hieran Betriebswirtschaftslehre an der Universität Hamburg. Seitdem ist sie selbständig und berät verschiedene Unternehmen, vom internationalen Konzern bis zum Start-up, in den Bereichen Marketing, Kommunikation, Social and Mobile Media.

Ihr vor über vier Jahren gestartetes Weblog mobile zeitgeist hat sich zu einer der führenden Online-Publikationen zum Mobile Business im deutschsprachigen Raum entwickelt und ihren mittlerweile auch internationalen Ruf als Mobile Expertin begründet. Sie moderiert Veranstaltungen, hält Vorträge und Workshops und gehört zu den bekanntesten Gesichtern der Mobile Branche in Deutschland, Österreich und der Schweiz.

In ihrer Freizeit ist sie mit ihrem Motorrad hauptsächlich im Norden Deutschlands unterwegs und genießt es als bekennender Online Junkie und Workaholic, dadurch offline zu sein. Sie hört viel Musik, vornehmlich Jazz, und besucht sowohl entsprechende Konzerte als auch das Theater, sofern politisches Kabarett gegeben wird.

DAR

AUF BIN ICH STOLZ

MARGARETE SCHRAMBÖCK
Vorsitzende der Geschäftsführung NextiraOne Deutschland und Österreich

Darf ich Sie zu Beginn bitten, unseren Leserinnen und Lesern zu erzählen, was Sie in die IKT-Branche geführt hat?

Was hat mich hierher geführt? Durchaus auch ein wenig Glück und Zufall. Während meines Studiums habe ich mich jedenfalls noch nicht sehr für die IKT-Branche interessiert. An der WU Wien habe ich Wirtschaft studiert und am „Center of Excellence" von Prof. Grün teilgenommen. Alcatel fungierte als Sponsor. Somit hatte ich die Möglichkeit, das Unternehmen über vier Semester lang kennen zu lernen und Alcatel hatte die Gelegenheit, sich ein Bild von mir zu machen. Alcatel hat mich danach eingeladen, im Unternehmen meine Berufslaufbahn zu starten.

Damals hatte ich aber, wie viele andere auch, eher eine Tendenz zu Unternehmensberatern zu gehen, zu McKinsey oder ähnlichen. Ich dachte mir aber sehr bald, dass ich viel mehr lernen kann, wenn ich direkt in ein Unternehmen einsteige. Die IKT-Branche liegt mir sehr, weil sie sehr innovativ, dynamisch und schnelllebig ist. So bin ich mit etwas Glück und durchaus mit Zufall zu Alcatel gekommen, also eigentlich gleich während meines Studiums. Begonnen habe ich dort in der Internen Revision, mit einem Job, den eigentlich niemand machen möchte.

Weil man sich in der Internen Revision nicht gerade beliebt macht?

Ja, aber das ist im Prinzip ein ausgezeichneter Start. Das waren meine beiden Lehrjahre. Ich konnte damals in Österreich und Osteuropa die wesentlichen Funktionen des Unternehmens auditieren. Ich war nahe dem Vorstand angesiedelt und konnte ihm unmittelbare Verbesserungsvorschläge machen.

Nachdem ich an einem Projekt mit dem Schwerpunkt Working Capital Management gearbeitet hatte, in dem es um Optimierung des im Unternehmen gebundenen Kapitals ging, meinte der damalige Vorstand, dass es jetzt Zeit wäre, die vorgeschlagenen Maßnahmen auch gleich selbst umzusetzen. Damals war ich 25 Jahre alt und hatte das erste Mal Mitarbeiterverantwortung für 15 Personen.

Nachdem ich das 2 Jahre lang gemacht hatte, kam der Ruf, die technische Abteilung als Serviceleiter zu übernehmen. Ich habe zu einem späteren Zeitpunkt erfahren, dass der Generaldirektor einmal etwas ganz anderes ausprobieren wollte. Man war nicht mehr zufrieden mit dem Weg, den man bisher verfolgt hatte und dachte daran, diese junge Frau, die doch bisher ganz erfolgreich war, einmal anders einzusetzen. Durchaus habe ich vorher signalisiert, dass ich nicht unbegrenzt in der übernommenen Funktion bleiben wollte und gerne mehr Verantwortung übernehmen könnte.

Glauben Sie, ist das auch ein Schlüssel für Frauen, dass man ihnen sagt, ihr müsst artikulieren, wohin ihr wollt und was ihr wollt?

Ja, das ist unter anderem ein wichtiger Teilaspekt. Oft wird man nicht von selbst aufgefordert, einen neuen Weg zu gehen. Manchmal haben Vorgesetzte die Tendenz, jemanden, der sehr gut ist, in der bestehenden Funktion zu halten. Dies passiert Frauen häufiger, da sie ihre Funktion so gut ausfüllen, daß man sie nicht weiter promoted. Oft sind sie auch nicht initiativ genug und sagen deutlich, dass sie das Unternehmen auch verlassen würden.

Wie erging es Ihnen dann als junge Frau im Unternehmen?

Ich war also 27 Jahre alt damals und hatte das Angebot, die Verantwortung als Serviceleiterin für 250 Techniker zu übernehmen. Ich habe mir dies an einem Wochenende überlegt und bin dann zum Schluss gekommen, dass mir gar nichts passieren kann. Eine wesentliche Komponente bei Frauen und ihren Karrieren ist auch, dass sie dazu neigen, mehr als perfekt sein zu wollen. Viele junge Frauen glauben, sie müssten bereits 120% der Funktion erfüllen können, damit sie diese bekommen. Die ist ein Trugschluss, da im Wesentlichen die Anforderungen an eine neue Funktion noch nicht komplett erfüllt sein können. Dafür müsste man die Funktion ja bereits ausgeübt haben. Man kann nicht das gesamte Wissen bereits vorab mitbringen, vieles lernt man „on the job". Wesentlich ist, die richtigen Grundvoraussetzungen mitzubringen.

Für die Wettbewerbsfähigkeit Österreichs ist es von immenser Bedeutung die Kinderbetreuungsinfrastruktur auf ein internationales Niveau zu heben.

Haben Sie jemals Diskriminierung an sich selber erlebt?

Ich hatte das Glück, in meinem Umfeld keine Diskriminierung zu erleben. Wenn jemand wirklich ein Problem damit hatte, dass seine neue Vorgesetzte eine junge Frau ist, dann sind diese zumeist ohnedies in einen anderen Bereich gewechselt. Ich habe immer den Anspruch auf Führung klar ausgesprochen und klar gemacht. Dies hat nichts mit Machtgier zu tun. Führung hat immer auch mit der Ausübung von Macht zu tun. Dies ist die Macht, die Letzt-Entscheidungen für das Unternehmen zu treffen und die Verantwortung hierfür zu übernehmen. Für Frauen gilt es, diese Macht und Verantwortung auch anzunehmen und für sich in Anspruch zu nehmen. Dies habe ich in meiner bisherigen Laufbahn getan.

Haben Sie sich im technischen Bereich wohl gefühlt?

Die technische Leitung war ein wesentlicher Schritt für mich, den ich sehr gerne gemacht habe. Dennoch wusste ich auch, dass vertriebliche Erfahrung zu übernehmen, ein wesentlicher Bestandteil meines weiteren Weges sein würde.

Mein damaliger Vorgesetzter meinte: „Was möchtest du verkaufen?" Wir haben intensiv darüber nachgedacht, und haben dann gemeinsam jene neuen Themen entwickelt, wie z.B. Security-, Contact-Center oder Software basierende Lösungen, die zum damaligen Zeitpunkt nicht zum Kerngeschäft der Alcatel gehörten. Wir haben gewissermaßen under cover jene Geschäftsfelder entwickelt, die heute zum Kerngeschäft der NextiraOne zählen. Ich hatte nun wieder ein kleines Team zu führen mit nur 10 Mitarbeitern und einem neuen Fokus. 2002 kam der für mich wesentliche Unternehmensverkauf und mit dem Vorteil, alle wesentlichen Funktionen des Unter-

„Ich habe immer den Anspruch auf Führung klar ausgesprochen."

nehmens inklusive Vertrieb zu kennen, wurde mir die Geschäftsführung der NextiraOne Österreich angeboten.

Glauben Sie, dass Frauen eine andere Art zu managen haben als Männer?

Ich glaube, dass wir von Natur aus auch andere Fähigkeiten mitbekommen haben, aber nicht ausschließlich. Ich glaube, dass heute Männer und Frauen beide Komponenten mit sich tragen und in erfolgreichen Unternehmen umsetzen. Was man Frauen zuschreibt, mehr kommunikativ zu sein, mehr Integration zu leben und Teamfähigkeit zu fördern, das glaube ich, ist eine zusätzliche Stärke.

Wir haben beim Recherchieren für das Buch und bei den Interviews gehört, dass es einen Unterschied für Frauen macht, ob es sich um ein amerikanisches Unternehmen handelt, in dem Frau arbeitet. Können Sie dem zustimmen?

Ja, das sehe ich auch zum Teil so. Ich bin im Executive Committee der NextiraOne für Europa, da ich die Länder Deutschland & Österreich verantworte. Hier begegne ich vielfältigen, europäischen Kulturen. Wir haben jetzt einen amerikanischen CEO und ich erkenne nunmehr die manchmal traditionellen Verhaltensweisen der Italiener, Spanier oder Franzosen.

Weil Sie den nordeuropäischen Raum angesprochen haben. Dort wurden zum Beispiel auch Quotenregelungen eingeführt, die versuchen, strukturelle Defizite zu durchbrechen. Wie stehen Sie zu Quotenregelungen für Frauen?

„Ich habe selbst niemals Diskriminierung erlebt."

Ich bin sehr leistungsorientiert und meine, dass die Leistung grundsätzlich passen muss. Andererseits musste ich jedoch auch über die vergangenen Jahre sehen, dass es hier kaum Bewegung gegeben hat und Fortschritte nicht rasch genug erzielt werden. Wenn dem so ist, dann muss man wahrscheinlich einmal eine Initialzündung setzen. Ich habe hierzu meine Meinung ein wenig verändert. Ich dachte früher immer: es wird schon werden. Es wird ja auch, aber die Frage ist, ob mit der richtigen Geschwindigkeit. Für mich dauert es schon zu lange und müsste rascher vorangehen.

Aus meiner Sicht bräuchte es noch mehr aktive Initiativen, die schon bei den Mädchen im Kindergarten beginnen und über die Volksschule, die Gesamtschule oder das Gymnasium bis zu den Universitäten führen, um das Potential der weiblichen Führungskräfte in die Wirtschaft zu bringen. An vielen Universitäten, so auch an der WU Wien sind mehr Studentinnen als Studenten. Die Frage ist, wie bringen wir diese rasch in verantwortungsvolle Positionen?

Schreckt die IKT-Branche Frauen noch immer ab?

Ja, leider ist es so. Die meisten Frauen haben eine Tendenz, in die Bereiche Human Resources oder Marketing zu drängen, wobei die Bereiche Vertrieb und Technik ganz wesentlich für den Grad der Karriere sind. Jene Frauen, die sich trauen, sind außerordentlich erfolgreich und stellen ein großes Potenzial für die IKT Branche und die gesamte Wirtschaft dar. Wir müssen im Vergleich zu Amerika und Asien wettbewerbsfähiger werden und daher dürfen wir auf die Kompetenz der Frauen nicht verzichten. Wenn wir heute nach Indien blicken, dann sind dort – wo wir sagen, dass es sich um ein junges, neues Industrieland handelt – sehr viele Frauen in IT-Positionen, als Programmiererinnen, als Entwicklerinnen und als Projektleiterinnen. Ich bin davon überzeugt, dass wir in der Frauenförderung an Geschwindigkeit zulegen müssen.

Sie haben vorher gesagt, es passt nicht immer in den Lebensabschnitt. Das führt mich zu der Frage: Gibt es einen Preis, den man für die Karriere zahlen muss? Oder haben Sie einen persönlichen Preis, den Sie zahlen müssen?

Natürlich, ich bin viel unterwegs. Die Partnerschaft zu organisieren und einen Partner zu finden, der auch akzeptiert, dass die Frau viel auf Reisen ist und am Abend oft nicht zu Hause, ist wahrscheinlich die große Herausforderung. Es bleibt nicht viel Zeit für die Partnerschaft, wenn man sie nicht aktiv sucht. Ich bin wahrscheinlich ein Typ, der es so möchte, sonst würde ich es anders machen.

Kind und Karriere, das ist vor allem in Österreich immer noch ein schwieriges Thema. Wie ist Ihre internationale Erfahrung?

Das Thema berufstätige „Rabenmutter" gibt es tatsächlich noch verstärkt in Deutschland und Österreich. In den nordischen Ländern oder in Frankreich kommt niemand mehr auf die Idee, eine berufstätige Frau, die ihr Kind mit einem Jahr oder einem halben Jahr auch von anderen betreuen lässt, als „Rabenmutter" zu bezeichnen.

In Frankreich – ich habe ja viele französische Kolleginnen-hat sich die Politik nach dem 2. Weltkrieg ein sehr einfaches Ziel gesetzt. Sie wollten an Bevölkerungszahlen mehr werden als die Deutschen. Um das zu erreichen, hat jedes Kind ab 3 Monaten bis zu 18 Jahren einen Vollbetreuungsplatz im Kindergarten und in der Schule. Zusätzlich gibt es noch Steuerbegünstigungen. Dies führt dazu, dass in vielen Familien Vater und Mutter arbeiten und dass auch Frauen in Führungspositionen kinderreiche Familien haben.

Ich würde gerne, noch kurz zurück zur Wirtschaft und zur Branche: Wir haben die Hypothese im Laufe der Interviews aufgestellt, dass in Krisenzeiten Unternehmen die von Frauen geleitet werden, besser durch solche Krisen gelangen. Was halten Sie von dieser Hypothese?

Interessant. Ich habe noch nicht darüber nachgedacht, dass hier ein Zusammenhang bestehen könnte. Ich bin jedenfalls der Meinung, dass ein Unternehmen dann erfolgreich ist, wenn es gut gemischte Teams gibt. Vielleicht ist das Unternehmen damit krisenstabiler.

Fühlt man sich als Frau, in einer Leitungsfunktion oder in einer Geschäftsführerfunktion dann auch besonders dafür zuständig und verantwortlich, Frauen im eigenen Unternehmen zu fördern? Und wenn ja, tun Sie das auch?

Ja, schon bei der Auswahl von Personal. Wir achten darauf, dass wir bei den Bewerbungen auch solche Frauen bekommen. Wie gesagt, mit all den Herausforderungen, die wir dabei in der Vergangenheit kennengelernt haben. In Deutschland haben wir z.B. gerade 10 Lehrlinge aufgenommen, hatten jedoch keine einzige weibliche Aktivbewerbung dabei. In Österreich war die Situation etwas besser. Wir unterstützen den Töchtertag in beiden Ländern und ich finde diesen eine besonders gute Initiative.

Auch haben wir sehr gute Erfahrungen gemacht mit Empfehlungen von Mitarbeitern und achten nunmehr auch darauf, dass auch Frauen in Positionen empfohlen werden. Unser Wunsch ist es, insbesondere im Vertrieb, Projektmanagement und Technik den Frauenanteil noch zu erhöhen. In Deutschland stehen wir hier noch weiter am Anfang als in Österreich. Hier gilt es jetzt noch mehr Schwung hineinzubekommen.

Wie stehen Sie zu Frauennetzwerken?

Sehr positiv – also ich glaube, dass wir Frauen immer noch zu wenig netzwerken. Auch ich musste das in den vergangenen 15 Jahren lernen. Frauen lernen es nicht in den Schulen, sie lernen es aber auch nicht auf der Uni.

Gibt es einen inhaltlichen Unterschied, wenn Frauen oder Männer netzwerken? Ich meine zum Beispiel, treffen sich Frauen eher, um sich auszutauschen und einen netten Abend miteinander zu haben und Männer eigentlich ausschließlich um Business zu machen?

Nein, ich würde sagen auch Frauen tun beides – Business mit privat kombinieren. Männer verstehen es aber immer noch besser, Netzwerke zu nutzen. Dies ist es auch, was wir unseren weiblichen Nachwuchsführungskräften, die jetzt bereits in verschiedenen Positionen tätig sind, mitgeben müssen: Das Verständnis dafür, früh mit dem Netzwerken zu beginnen. Dass z.B. die jungen Frauen im Finanzbereich danach Ausschau halten, wo sind die Netzwerke für Controller und Finanzer im Land und sich aktiv daran beteiligen. Es sollten also mehr Frauen aktiv in lokale und internationale Netzwerke gehen und bewusst und früh lernen, wie diese funktionieren.

Manche Frauen könnten dies als Zeitverschwendung betrachten, sie sollten es jedoch als Teil ihrer Aufgabe, insbesondere auch der Führungsaufgabe sehen. Die Unternehmen benötigen Netzwerke und profitieren von diesen, auch von jenen der Frauen.

Fühlen Sie sich als Frau noch ein bisschen einsam in der IKT-Branche?

Es ist bereits besser geworden in Österreich und dies stärker als ich ursprünglich erwartet habe. Deutschland liegt hier im Bereich IKT aus meiner Sicht hinter Österreich zurück. Seit kurzem sind Frauen auch in Deutschland in die Vorstände der DAX Unternehmen aufgerückt, wenn auch noch in kleiner Zahl. Unter Ihnen auch eine bekannte Österreicherin. Ich freue mich sehr darüber. Ich verantworte seit einem Jahr auch unser deutsches Geschäft und finde die Kombination sehr interessant: Als Österreicherin ein deutsches Unternehmen zu leiten. Zur Tatsache Frau kommt die österreichische Mentalität hinzu, die es uns ermöglicht, stärker zu netzwerken und zu verbinden. Diese Kombination scheint doch etwas exotisch zu sein, wird aber sehr positiv aufgenommen.

Frau Schramböck, sehen Sie sich als Vorzeige-Powerfrau?

Nein, aber als Vorbild für viele junge Frauen. Denen möchte ich es zeigen, dass man es als Frau an die Spitze schaffen kann. Natürlich ist mir bewusst, dass dies mit Kindern noch mehr Herausforderung darstellt. Daher mein Appell an die Schaffung entsprechender Strukturen durch die Politik.

Wie sieht Ihre Work-Life-Balance aus?

Ich habe mir immer Zeit für mich und mein Privatleben genommen. Sieben Tage die Woche durchzuarbeiten ist, auch wenn ich gerne arbeite, nicht mein persönliches Ziel. Ich sehe meine Verantwortung darin, die richtigen Führungskräfte in die passenden Positionen zu bringen, sodass das Unternehmen auch ohne meine tägliche Anwesenheit erfolgreich ist. Ein Firmenchef, der nicht ein paar Tage weg sein kann, ohne dass es große Probleme gibt dadurch, macht aus meiner Sicht etwas Grundlegendes falsch.

Sie sind noch relativ jung und schon ganz weit oben auf der Karriereleiter – wohin geht die Reise noch?

Hoffentlich dorthin, wo ich möglichst viele Menschen positiv beeinflussen kann.

Frau Schramböck, was würden Sie machen, wenn Sie nicht bei NextiraOne wären?

Sicher etwas Ähnliches. Ich mache meinen Job sehr gerne und verbringe viel meiner Lebenszeit mit den Menschen in meiner Firma, weil ich die Zusammenarbeit sehr mag, aber auch weil durch Gespräche mit Mitarbeitern sehr oft kreative Ideen und Innovationen entstehen.

Aus der Sicht der Herausgeberinnen

Offenheit für neue Herausforderungen und die Bereitschaft Verantwortung zu übernehmen für und mit einem Team führen zum Erfolg. Die Lust Neues zu lernen und Aufgaben im Team zu lösen gehören sicher zu den positivsten Eigenschaften eines Managers, egal ob männlich oder weiblich. Furchtlosigkeit vor neuen Herausforderungen und ein gewisser Mut zur Lücke bei neuen Aufgaben, beides eher männliche Eigenschaften, die aber ganz offensichtlich zum Erfolg führen, selbstverständlich auch bei weiblichen Führungskräften in der IKT.

Für die Wettbewerbsfähigkeit Österreichs ist es von immenser Bedeutung die Kinderbetreuungsinfrastruktur auf ein internationales Niveau zu heben und auch finanztechnische Anreize zu überlegen, um Frauen zu motivieren wieder früher in das Berufsleben einzusteigen und so keinen Karriereknick zu riskieren. Gesellschaftspolitisch muss es durch eine gemeinsame Anstrengung gelingen, die Berufstätigkeit von Müttern als Selbstverständlichkeit anzusehen. Durch die Unterstützung und den Ausbau von Initiativen wie dem Töchtertag, die schon im Kindes- und Jugendlichen Alter ansetzen sollten, können wir die Begeisterung von Mädchen für die Technik steigern.

Ich würde Sie gerne abschließend fragen, wenn Sie ein wenig zurückblicken, gibt es etwas auf das Sie ganz besonders stolz sind? Gibt es etwas, wo Sie sagen, da haben Sie etwas ganz stark geprägt oder verändert?

Ich glaube, dass es mir in den letzten Jahren besonders gut gelungen ist, sehr gute Leute ins Unternehmen zu holen. Ich glaube, das ist eine Stärke von mir, die Leute zu begeistern ins Unternehmen zu kommen. Das ist mir in Österreich nachhaltig über viele Jahre gelungen und gelingt weiter laufend. In Deutschland war es notwendig, zu restrukturieren, um das Unternehmen auf einen profitablen Kurs zu führen und dabei die gesamte Führungsmannschaft neu zu besetzen. Mein Ziel ist es, NextiraOne als Arbeitgeber so attraktiv zu machen, dass die Menschen gerne in diesem Unternehmen arbeiten. Darauf bin ich sehr stolz. ■

Dr. Margarete Schramböck, Vorsitzende der Geschäftsführung NextiraOne Deutschland und Österreich

Nach dem Studium der Betriebswirtschaft an der WU Wien und der Teilnahme am „Center of Excellence“ von Prof. Grün zog es Frau Schramböck bereits 1995 zu Alcatel, wo sie sich ein breites berufliches Erfahrungsspektrum aneignete. Die erste Zeit war die Hobbymalerin als Internal Auditor für Österreich und Osteuropa tätig und übernahm nach Abschluss des Doktoratsstudiums die Leitung Logistik und Credit Management für Alcatel e-business, dem Integrationshaus der Alcatel in Österreich. Darauf folgte die Gesamtverantwortung für den technischen Bereich als Service Director sowie den zukunftsweisenden Aufbau eines neuen Geschäftsfeldes für die Alcatel e-business/NextiraOne mit Schwerpunkt IT-Security, Contact Center, CRM und Professional Services. 2002 übernahm sie mit 32 Jahren die Geschäftsführung der NextiraOne Österreich und ist seit Februar 2009 auch Vorsitzende der Geschäftsführung der NextiraOne Deutschland. Die gebürtige Tirolerin blickt bereits auf 15 Jahre Erfahrung in der IKT-Branche zurück. ■

FRAUEN HABEN TALENT

JND LEIDENSCHAFT

Karin Hakl
Abgeordnete zum Nationalrat, ÖVP-Sprecherin für IKT, Innovation und Technologie

Frau Hakl, es ist schon sehr ungewöhnlich, dass eine Frau für die IKT Politik zuständig ist und nicht für Bildungs-, Frauen- oder Sozialpolitik. Woran liegt das bzw. wie haben Sie politisch zu diesem Thema gefunden?

Mein beruflicher Werdegang ist einerseits dafür verantwortlich, dass ich IT und Technologiesprecherin der ÖVP im Nationalrat geworden bin. Ich war bei der Brenner Eisenbahn GmbH beschäftigt. Die Planung und der Bau von Eisenbahnstrecken ist eine Männerwelt und hat sehr viel mit IT zu tun – insgesamt eine High-Tech-Materie. Ich habe mich sehr dafür interessiert und war für die Ausschreibungen in diesem Bereich verantwortlich. Da muss man sich technisch auskennen. Auch zur Telekommunikationsinfrastruktur gibt es Parallelen.

Viel wichtiger allerdings ist, dass ich schon lange davon überzeugt bin, dass die IKT-Entwicklungen in unserer Gesellschaft tiefgreifende Veränderungen zur Folge haben und ich mich damit sehr intensiv auseinandersetze. Dieser, meiner Kompetenz wurde dann auch Rechnung getragen.

Warum glauben Sie, dass Frauen noch immer ein Problem damit haben, ein technisches Studium anzugehen?

Das ist gut untersucht und ich halte mich da an die Wissenschaft. Das Problem beginnt schon in der Schule, wo die Art, wie etwa Mathematik unterrichtet wird, für Mädchen oft ungeeignet ist und diese damit auch nicht angesprochen werden. Ich erinnere mich an meine Schulzeit, als für mich eine mathematische Funktion etwas war, das ich nie brauchen würde.

„Die Technologieablehnung ist auch bei unseren Männern im internationalen Vergleich viel größer als in anderen Ländern."

Erst in meinem Beruf habe ich festgestellt, dass man mit einer Funktion beispielsweise die Hangschräglagen berechnen kann. Das hätte ich gerne früher gewusst. Denn Mädchen und Frauen müssen wissen, wofür sie das Gelernte einsetzen können und wofür etwas gut ist. Dann ist es für sie auch von Interesse. Da IT, Physik und andere Naturwissenschaften mit Mathematik untrennbar verbunden sind, ist das für viele Frauen abschreckend. Bei den Jungs kommt hier eher der Spieltrieb zum Tragen.

Das bedeutet die Wurzel des Übels findet sich im Schulsystem?

Ja, das hat durchaus in einigen Bereichen Methode. Wir wissen aus den Untersuchungen, dass es unterschiedliche Bedürfnisse beim Lernen in Bezug auf die unterschiedlichen Fächerbereiche für Jungs und Mädchen gibt. Diesen Bedürfnissen müssen wir verstärkt Rechnung tragen.

Gibt es also einen Handlungsauftrag an die Bildungspolitik?

Natürlich bedeuten solche Erkenntnisse einen klaren Handlungsauftrag für die Politik. Es wird auch schon einiges in diesen Bereichen umgesetzt, etwa in der LehrerInnenausbildung und LehrerInnenfortbildung, wo auf die unterschiedlichen Bedürfnisse aufmerksam gemacht wird und gelehrt wird, wie damit im Unterricht umzugehen ist. Hier ist das Gleiche für alle nicht optimal.

Ist das ein Phänomen in den deutschsprachigen Ländern, dass Mädchen noch immer nicht auf Technik und Mathematik anspringen? Wir sehen gerade in diesem Bereich doch einen gewaltigen Unterschied zu den osteuropäischen Ländern. Wie erklären Sie diesen?

Da kommt noch dazu, dass wir in Deutschland und Österreich allgemein eine größere IT-Skepsis haben als in anderen Ländern. Damit wird der Graben zwischen Männern und Frauen noch größer. Allerdings haben bei uns die Frauen auch mehr Chancen und Möglichkeiten, in anderen Bereichen tätig zu werden. In den osteuropäischen Ländern war es lange Zeit überhaupt nur in technischen und produzierenden Unternehmen möglich, gut zu verdienen und international tätig zu werden. Der Produktions- und Infrastrukturbereich ist viel ausgeprägter als bei uns. In Österreich gibt es einen stark entwickelten Dienstleistungssektor und einen gewachsenen Tourismusbereich, damit bietet sich unseren Frauen auch ein breiteres Spektrum. Die Technologieablehnung ist aber auch bei unseren Männern im internationalen Vergleich viel größer als in anderen Ländern.

Der Anteil von Frauen in Spitzenpositionen ist erschütternd gering und in Aufsichtsräten muss man Frauen oft mit der Lupe suchen. Was sind hier Ihre Handlungsempfehlungen, um eine Verbesserung zu erreichen?

Viele vor allem kleine Unternehmen werden von Frauen geführt. Bei den großen sieht es anders aus. Wir müssen Verständnis bei den Männern erzeugen, dass die Frauen, das sind 52% der Bevölkerung und damit eine Mehrheit, anders denken, anders arbeiten, einen anderen Managementstil haben und dass dies ganz normal und gut ist. Bisher haben sich die Frauen eher der Männerwelt angepasst. Das ist nicht immer angenehm. Frauen arbeiten insgesamt nachhaltiger als Männer, eine Tatsache, die im Übrigen für die Entwicklungsländer als Selbstverständlichkeit angesehen wird und nur in industrialisierten Ländern vom Tisch gewischt wird. Frauen sind emotionaler und das gerne, weil wir, was wir tun, vor allem gerne tun und nicht wie viele Männer wegen des Prestige, des Status oder der Bezahlung.

Ich möchte Ihnen dazu gerne ein Beispiel geben. Ich sprach vor einigen Tagen mit einem bekannten Unternehmer. Er erzählte mir, dass er in der Woche davor einer Frau in seinem Unternehmen eine Abteilungsleitung angeboten hätte, weil er sie für optimal dafür empfand. Diese Frau hat sich 5 Tage Bedenkzeit ausbedungen. Er fragte daraufhin einen Mann, und dieser hat gleich zugesagt und bekam den Job. Ich fragte ihn, warum er nicht die Antwort seiner Wunschkandidatin abgewartet habe und er meinte, dass sie vielleicht doch nicht so geeignet wäre, wenn sie sich das nicht gleich zutraut. Ich entgegnete allerdings, dass es doch von Vorteil sei und er eigentlich froh sein müsste, wenn sich die Mitarbeiterin überlegt, wie sie diesen Job optimal ausführen kann und welche Veränderungen es dafür vielleicht in ihrem privaten Bereich benötigt, um

„Wenn wir genauso viele Frauen wie Männer in Führungspositionen haben werden, wird die Welt vielleicht nicht viel besser, aber auf jeden Fall gerechter!"

Fotos: Markus Prantl

dann hundert Prozent zu geben. Er musste mir zustimmen und bereute seine voreilige Handlung.

Wir haben die Hypothese aufgestellt, dass Unternehmen, die von Frauen geleitet werden oder von gemischten Teams geführt werden, gerade in Krisenzeiten nachhaltiger wirtschaften und aufgrund der geringeren Risikobereitschaft von Frauen auch stabiler sind. Wie geht es Ihnen mit unserer Hypothese?

Grundsätzlich glaube ich, dass gemischtgeschlechtliche Teams einem Unternehmen am meisten nützen. Ich bin aber auch fest von der Nachhaltigkeit des Handelns von Frauen überzeugt. Das alleine macht aber auch nicht selig. Es braucht beide Pole. Die männliche Risikobereitschaft und die weibliche Nachhaltigkeit, um ein Optimum zu erreichen.

Wie bekommen wir mehr Frauen in Spitzenpositionen von Technologie-Unternehmen?

Ich weiß, dass Unternehmen gerade auch in der IKT verzweifelt nach Frauen suchen. Die meisten finden sich in den Bereichen Marketing oder Personal, selten in den technischen Unternehmensbereichen. Broschüren zu verteilen zum Thema „Mädchen und Frauen in die Technik" wird hier nicht reichen. Wir brauchen weibliche Vorbilder und an dieser Stelle möchte ich mich für die Idee zu diesem Buch herzlich bedanken, weil es wichtig ist, die erfolgreichen Frauen in die Öffentlichkeit zu holen. Außerdem müssen wir Instrumente entwickeln, die aufzeigen, dass die IKT nicht nur aus Null und Eins oder bits & bytes besteht, sondern die IKT viel Positives für ein besseres Leben der Menschen ermöglicht und alle Lebensbereiche durchflutet hat.

Erst wenn uns das gemeinsam gelingt – und das passiert nicht durch Broschüren oder mit dem erhobenen Zeigefinger – werden wir mehr Frauen in der Technik vorfinden. Frauen wählen Berufe aus ihren Neigungen, Talenten und aus der Leidenschaft für eine Sache heraus und nicht wegen des Einkommens, was bei der IKT bedauerlich ist, weil die Branche sehr gut zahlt. Ich bin überzeugt, wenn die Politik gemeinsam mit den Unternehmen Begegnungsstätten wie interaktive, spannende Technik-Häuser schafft, um sinnlich erlebbar zu machen, was IKT im Alltag bedeutet und kann, dann wird das viele Mädchen und junge Frauen überzeugen. Die Entwicklung der social media stimmt mich schon sehr optimistisch, weil hier auch die Mädchen sehr engagiert sind und sich damit die Gegensätze langsam aufheben. Um die Gläserne Decke zu den Top-Positionen zu durchstoßen, braucht es mehr Selbstbewusstsein bei den Frauen und mehr Verständnis dafür, wie Frauen ticken und dass sie gerade deshalb mehr von uns auch ganz oben brauchen, bei den Chefs.

Wie kann die Vereinbarkeit von Beruf und Familie verbessert werden? Wie können wir Frauen vor den gesellschaftlichen Angriffen, sie wären „Rabenmütter", wenn sie nur ein Jahr in Babypause gingen, schützen?

Natürlich müssen die Kinderbetreuungseinrichtungen weiter stetig ausgebaut werden. Da sind vor allem flexible Systeme und Angebote, wie etwa auch Tagesmütter, gefragt. Flexibilität und Qualität sind die wichtigen Punkte in der Kinderbetreuung für Frauen. Ich denke das Thema „Rabenmütter" existiert nicht mehr. Wir sollten es aber auch akzeptieren, wenn Frauen gerne Zeit mit ihren Kindern verbringen wollen. Ich würde mir wünschen, dass mehr Männer an den Haushaltspflichten und an der Familie teilhaben und auch in Karenz gehen. Ich sehe hier eher die Männer geächtet, die in Karenz gehen wollen, weil diese dann als Pantoffelhelden oder ähnliches bezeichnet werden. Daran sollten wir dringend arbeiten.

Es gibt eine schon lange und sehr intensiv geführte Diskussion um die Frauenquote für Unternehmen. Ist das aus Ihrer Sicht ein geeignetes Werkzeug, um die Gläserne Decke für Frauen zu durchbrechen?

Ich war früher gegen jede Quotenregelung als ich als junge Frau erfolgreich in einem technischen Unternehmen gearbeitet habe und mir dachte: „Ich kann das alles alleine und ohne Quote". Inzwischen finde ich es notwendig, da und dort Quoten einzuführen. Ich bin überzeugt, dass zumindest eine Frau in jedem Aufsichtsrat börsennotierter Unternehmen, sowohl den Unternehmen, dem Land als auch der Volkswirtschaft gut tun würde. Ich kenne auch genügend qualifizierte Frauen, die solche Aufgaben gerne übernehmen würden. Ich möchte auch gerne an dieser Stelle unsere ehemalige Innsbrucker Bürgermeisterin Hilde Zach zitieren: „Ich möchte irgendwann so viele mittelmäßige Frauen in Spitzenpositionen sehen, wie ich im Moment mittelmäßige Männer sehe." Und „Wenn wir genauso viele Frauen wie Männer in Führungspositionen haben werden, wird die Welt vielleicht nicht viel besser, aber auf jeden Fall gerechter!"

„Ich sehe hier eher die Männer geächtet, die in Karenz gehen wollen, weil diese dann als Pantoffelhelden oder ähnliches bezeichnet werden."

Dass Quoten allein allerdings nicht zum Erfolg führen, zeigen die politischen Parteien vor. In Tirol zum Beispiel haben fast alle Parteien ein Reißverschlusssystem und damit 50% Frauen als Kandidatinnen. Am Papier passt das. Allerdings sind fast nur dort Spitzenkandidatinnen in den Wahlkreisen zu finden, wo es kein Grundmandat gibt und jene Wahlkreise mit einem sicheren Grundmandat haben männliche Spitzenkandidaten. Damit kommen natürlich wieder wesentlich mehr Männer in den Landtag und Nationalrat als Frauen.

Sie sind eine politische Karrierefrau ...

... Ich mag das Wort „Karrierefrau" gar nicht, weil es nur bei Frauen angewendet wird. Männer sind erfolgreich, Frauen „Karrierefrauen". Ich glaube es ist schon wesentlich bei der Diktion aufzupassen.

Gerne! Sie sind eine sehr erfolgreiche Politikerin. Gibt es einen persönlichen Preis, den Sie für ihren Erfolg zahlen müssen?

Ich bin sehr viel unterwegs und damit zu selten zu Hause. Das geht natürlich vielen Menschen auch in anderen Berufen so, aber für mich persönlich ist es schon sehr schwer von den Menschen, die ich liebe, so oft getrennt zu sein. Ich würde gerne mehr Zeit mit meiner Familie und meinen Freunden verbringen.

Wenn Sie die letzten Jahre Revue passieren lassen, gibt es etwas auf das Sie ganz besonders stolz sind?

Ich hoffe, mich als Mensch nicht verändert zu haben, auch wenn ich das selber schwer beurteilen kann. Ich bin stolz darauf, in der Politik Demut gelernt zu haben, viel mehr Demut gerade vor ganz einfachen Menschen. Ich war Quereinsteigerin und habe mich anfangs oft gewundert, dass wichtige Themen viel zu wenig breit diskutiert wurden. Heute kann ich viel besser zuhören und verstehe, dass Themen, die die Menschen ganz

Aus der Sicht der Herausgeberinnen

Immer mehr Frauen sind in den letzten Jahren in politische Gremien wie Nationalrat oder in die Landtage eingezogen. Frauen prägen inzwischen viele politische Themenbereiche maßgeblich mit und auch die IKT-Politik wird von Frauen (mit)bestimmt. Auch sie können jungen Frauen Vorbilder sein und Botschafterinnen für die Branche, um mehr Frauen für technische Berufe zu interessieren. Die IKT hat inzwischen alle Lebensbereiche der Menschen erreicht und hält eine Fülle von spannenden Lösungen und Verbesserungen für Menschen parat. Diese Entwicklungen und Möglichkeiten müssen den Frauen gemeinsam mit den Unternehmen näher gebracht werden, um durch haptische Erlebnisse zu inspirieren.

Geben wir aber auch den Männern als Gesellschaft die Chance, ihren Vorstellungen im Bereich der Kinderbetreuung und partnerschaftlichen Familienarbeit nachzukommen, ohne diese zu diskriminieren. Dafür ist es notwendig, noch mehr als bisher entsprechende Programme anzubieten und zu unterstützten, den Männern eine Karenzzeit zu ermöglichen. Hier könnten gelebte best practice Beispiele aus anderen Ländern, wie etwa Schweden, durchaus als Vorbild dienen.

unmittelbar berühren und betreffen, heftiger diskutiert werden, auch wenn sie nicht so grundlegend sind wie sperrigere.

Ich konnte politisch viel mehr umsetzen, als ich beim Einstieg für möglich hielt, und, ganz Frau, arbeite ich lieber gleich am nächsten Thema, als die Erfolge zu verkaufen. Alles aufzuzählen führte zu weit. Aber gerade zuletzt war ich sehr zufrieden damit, dass im IKT Bereich auf Grund meines politischen Drucks die Digitale Dividende dem Mobilfunk zugeteilt wird und damit alle ÖsterreicherInnen, auch auf dem Land, von den Entwicklungen des mobilen Internets und der sozialen Medien und Netzwerke profitieren können. Hier ist Eile geboten, wenn wir nicht den Anschluss verlieren wollen. Das Datenvolumen explodiert weiter. ■

Foto: Markus Prantl

Karin Hakl, Abgeordnete zum Nationalrat, ÖVP-Sprecherin für Forschung, Innovation, Telekommunikation und Technologie

Mag. Karin Hakl wurde 1967 in Innsbruck geboren, studierte nach dem Gymnasium Rechtswissenschaften und erwarb anschließend den Master für Europarecht. Die Juristin arbeitete zuletzt bei der Brenner Eisenbahn GmbH, einem Unternehmen, das ihr technisches Interesse stark geprägt hat. Sie war dort unter anderem für die Abwicklung und Gestaltung von Vergabeverfahren, UVP–Verfahren und die Finanzierungsverhandlungen mit den angrenzenden Ländern und der EU zuständig. Im Jahre 2000 wurde Karin Hakl Nationalratsabgeordnete für die ÖVP und engagierte sich politisch vor allem in den Bereichen Forschung, Innovation und Verkehr, aber auch in der Außen- und EU-Politik. Sie ist Sprecherin für Forschung, Innovation, Telekommunikation und Technologie im ÖVP Parlamentsklub und seit 2003 auch Mitglied der österreichischen Delegation zur Parlamentarischen Versammlung des Europarates. Die sportliche unverheiratete Politikerin hat keine Kinder und verbringt ihre Freizeit gerne mit Freunden und moderner Kunst, Literatur und Städtereisen. ■

HERAUSFORDERUN

...EN ZIEHEN MICH AN!

MARIELOUISE GREGORY
Leitung der Rechtsabteilung der Telekom Austria AG

Was können Sie uns über Ihren Werdegang erzählen? Wie sind Sie in die IKT-Welt gekommen?

Nach meinem Jus-Studium in Graz war ich auf Jobsuche und bin bei einem Sonderfinanzierungsinstitut der ehemaligen CA-Gruppe gelandet – dort habe ich als erstes Verlustbeteiligungen gerechnet. Das hat mir zwar sehr gut gefallen, jedoch entwickelte es sich zu einer etwas komischen Geschichte. Jeder Gewinn war etwas ganz Schreckliches, und jeder Verlust war wunderschön. Diese Welt ist mir irgendwann doch seltsam vorgekommen, und ich habe mir gedacht, dass ich etwas Realistischeres machen muss, etwas, das mit der tatsächlichen Welt zu tun hat. Daher ging ich zur heutigen Borealis, denn da konnte ich mit realen Werten arbeiteten wie Anlagen, Lastwagen und Beteiligungen. Dort war ich dann vier Jahre, bis ich den Entschluss fasste, wieder etwas anderes zu tun.

Dann hat mir eine Freundin gesagt, dass die damalige „max.mobil" jemanden sucht, und da dachte ich mir, das wird sicher spannend. So war´s dann auch, jedoch war ich nicht sehr lange dort. Bei „max.mobil" habe ich das erste Mal erlebt, wie unterschiedliche Interessen in Eigentümerstrukturen auch mein Leben beeinflussen können. Daher habe ich mich dann relativ bald wieder auf dem Arbeitsmarkt befunden.

Das klingt so, als hätten Sie sich zuerst ein wenig umgesehen, was die Wirtschaft so bietet. Wie ging es dann weiter?

Mit meinen damals 28 Jahren habe ich mir überlegt, was ich gerne machen möchte. So hab ich dann einen Controller-Kurs gemacht, und habe unter anderem auch an die Post AG Bewerbungen geschrieben. Die haben damals Leute gesucht, die sich mit Vertragsrecht auskannten. Bei der Post wurde ich als Spezialistin für Vertragsrecht eingestellt. Eines meiner ersten Projekte war die Ausgliederung der „mobilkom". Die Post und Telekom Austria AG war zwar per Gesetz geschaffen, doch mussten erst die Strukturen und Unternehmensfunktionen einer Aktiengesellschaft eingerichtet werden. Es war alles in einer unglaublichen Aufbruchstimmung. Wir haben sehr viel Neuland betreten und geschaut, wie sich die Dinge entwickeln. In dieser turbulenten Phase kam es zur Ausgliederung der mobilkom und zum Verkauf von 25% und einer Aktie an die Mobilfunktochter der Telecom Italia. Anschliessend haben wir Post und Telekom gespalten und in der Folge wurde ein Viertel der Telekom an die Telecom Italia veräußert. Bevor wir soweit waren, haben wir noch Rundfunkämter und Gebührenämter, die heute die GIS geworden sind, ausgegliedert, was auch eine sehr große rechtliche Herausforderung war. Wir hatten in der Folge neben der Staatsbeteiligung dann auch die Telecom Italia als Eigentümerin und wagten in dieser Struktur im Jahr 2000 den Börsegang, was ziemlich spannend war. In der Folge reduzierte Telecom Italia ihr Engagement bei uns und stieg schlussendlich 2004 endgültig aus. In den letzten Jahren ist es uns in erster Linie um die Expansion in den südosteuropäischen Raum, die Konsolidierung des Festnetzes und den Aufbau der Konzernstruktur gegangen; aktuell bauen wir den Konzern völlig um.

„Es ist ständig mein Wunsch, neue Dinge zu probieren und besser zu werden. Ohne die Bereitschaft immer wieder innovative Ideen aufzugreifen, kommt man nicht weiter. Also: Augen auf und durch!"

Ich hatte immer sehr viel mit Gesellschaftsrecht und Organisationsrecht zu tun, weniger mit der direkten IKT.

Eine sehr turbulente und abwechslungsreiche Zeit mit großen Herausforderungen, die Sie hier begleiten und meistern durften. Entspricht das Ihren Vorstellungen eines Traumjobs?

Ich habe mir das nie überlegt, was „Meines“ ist. In der Vorbereitung zu diesem Interview, habe ich mir die Frage gestellt, warum ich diesen Weg eigentlich gegangen bin. Ich glaube, es gibt eine sehr simple Antwort. Herausforderungen haben mich immer schon angezogen – ebenso Menschen. Auch war und bin ich der Meinung, dass ich alle Themen, die ich angehe, auch fertig machen muss. Komplexe Aufgaben, die sehr viel mit Menschen zu tun haben und einen engen Zeitplan beinhalten, bei dem die rasche Umsetzung im Vordergrund steht, haben mich schon immer gereizt.

Waren Sie, als Sie in die TA gekommen sind, eine Exotin? Wie ist es Ihnen dabei ergangen?

Ja, sehr (*Schmunzel*)! Erstens war ich keine Beamtin, zweitens war ich jung, und drittens war ich eine Frau. Ich habe eigentlich Glück gehabt. Ich glaube, ich hatte eine Art „Welpenschutz“ um mich. Damit meine ich, dass ich den größten Teil der Menschen, die ich anfangs kennen gelernt habe, als sehr aufgeschlossen und höflich erlebt habe. Man hatte den Eindruck, dass etwas sehr Neues auf sie zukommen würde, und man wusste nicht genau, was man mit mir anfangen sollte. Und etwas, was mir sehr zugute gekommen ist, dass ich die Menschen grundsätzlich mag. Ich denke, das spüren die Menschen und dann halfen sie mir auch.

Haben Sie jemals einen konkreten Karriereweg für sich entwickelt oder einfach vieles dem Zufall überlassen?

Ich habe keinen konkreten Karriereweg für mich entwickelt. Vielleicht liegt das an meiner Generation, oder die jungen Frauen sind heute schlauer. Wenn ich mir einen Karriereweg vorgenommen hätte, wäre ich vielleicht schneller dort gewesen, aber ein relevantes Thema ist es erst später geworden. Die reine Sachorientierung brachte mich nicht weiter, obwohl ich mich sehr anstrengte. Karriere ist ein Thema, womit sich Frauen sehr schwer tun, denn Karriere machen zu wollen, braucht sehr viel Mut.

Sie leiten jetzt die Rechtsabteilung im TA Konzern. Das heißt, Sie haben wieder einen Karriereschritt gemacht. Haben Sie den Willen dazu auch artikuliert, oder ist das einfach passiert?

Also das habe ich schon für mich artikuliert. Es ist das Allerschwierigste zu lernen,

„Komplexe Aufgaben, die sehr viel mit Menschen zu tun haben und einen engen Zeitplan beinhalten, bei dem die rasche Umsetzung im Vordergrund steht, haben mich schon immer gereizt."

nicht nur die Interessen aller anderen zu vertreten, darauf zu achten, dass die eigenen Projekte fertig werden oder dass die eigene Abteilung funktioniert, sondern auch zu lernen, mal auf sich selbst zu schauen – auf die eigene Karriere. Diese Art der Selbstausbeutung und das Nicht-Aufpassen auf eigene Ressourcen ist für viele Frauen ein Thema.

Haben Sie sich überlegt, Ihre Mitarbeiterinnen speziell zu fördern oder sie zu animieren, diese von Ihnen selbst erfahrene „Selbstausbeutung" nicht mehr weiterzuführen?

Ja, doch ich glaube, es gibt verschiedene Arten von Frauen. Es gibt welche, die früh genug entscheiden, eine Familie gründen zu wollen, oder keine gründen zu wollen. Frauen, die eine Familie haben, tun sich im Beruf viel schwerer, weil sie limitierte Ressourcen haben. Sie haben keine 24 Stunden, die sie aufteilen können. Etwas was ich bei meinen Mitarbeiterinnen erkannt habe, ist, dass Mütter ungleich effizienter als die anderen Mitarbeiter sind. Sie kommen sehr rasch zum Punkt, und wissen sehr genau, wie sie aus psychologischer Sicht mit Menschen umgehen müssen, um schnell zu ihrem Ziel zu kommen. Sie können daher Hürden sehr gut bewältigen, das haben sie wohl bei ihren Kindern gelernt. Insofern sind Mütter ein sehr wertvolles Asset, vor allem, wenn die Kinder etwas größer sind. Und daher halte ich es für schade, dass Mütter nicht mehr richtig weiterkommen. Die meisten Damen, die Anfang 40 sind, entscheiden dann, dass ihre Familie wichtiger ist, was auf jeden Fall respektiert werden muss. Doch auch wenn sie wollen, kommen sie leider oft nicht mehr weiter. Und da glaube ich, kann man als Arbeitgeber doch sehr viel tun.

Sie haben Netzwerke angesprochen. Netzwerken Frauen und Männer anders?

Ja, ich glaub schon. Ich glaube, dass Frauen in Richtung Macht und Position anders netzwerken. Frauen vergeuden hier viel Zeit.

Ist netzwerken für Frauen sowohl mit Frauen als auch mit Männern wichtig?

Ja, auf jeden Fall. Nur mit Frauen zu netzwerken ist nicht ausreichend. Hier übersieht man drei Viertel oder 80% der echten Businesswelt.

Bei der Karriereplanung der Frauen steht das Thema Kinder auf jeden Fall ganz weit oben. Ist das bei Männern inzwischen auch ein Thema?

Ist noch immer kein Thema. Frauen bekommen die Kinder, und die müssen dann auch darauf achten, wie sie damit zurecht kommen. Zumindest bei den meisten Männern ist das so. Es gibt ganz wenige, auch bei uns im Haus, die in Karenz gehen.

Gibt es einen Preis, den man für die Karriere zahlt? Wenn ja, welcher ist das?

Ich hätte meinen Job, um ganz ehrlich zu sein, nicht mit Familie bewältigt. Vielleicht hätte ich den Superman gebraucht und eine ganz große Familie rundherum, die das alles unterstützt, aber das war nicht so. Diese Ressourcen habe ich einfach nicht gehabt. Es ist ganz klar, dass sich Kinder daneben nicht ausgegangen wären. Und das ist wahrscheinlich der Preis. Die Frage ist, wie schlimm ist der Preis? Wenn ich unbedingt hätte Kinder haben wollen, dann hätte ich diese auch bekommen. Doch war der Wunsch bei mir nie so vorrangig.

Die Telekom hat viele Vorstände, doch darunter keine Frau – haben wir jemanden übersehen?

In der Telekom Austria AG und im Festnetz gibt es keine, aber in den Tochtergesellschaften durchaus.

Wäre eine Quotenregelung Ihrer Meinung nach ein praktisches Mittel, um Frauen zum Beispiel in Aufsichtsräten zu positionieren?

Das ist eine sehr schwierige Frage. Ich denke, man könnte das auch anders machen. Der Deutsche Corporate Governance Codex geht hier einen interessanten Weg. Und zwar sagt er, dass die Gesellschaften selbst ihren Weg gehen sollten, und entscheiden sollen, was sie tun wollen. Und da die Gesellschaften im Wettbewerb um versierte Personen stehen, und jedes Unternehmen sich gut positionieren will, nutzt das den Frauen mehr, als eine fixe Quote. Und man spart sich über den Weg wahrscheinlich den ganzen Widerstand der Personen, die Frauen als nicht qualifiziert genug ansehen, wenn diese aufgrund einer Quote bevorzugt werden. Wenn wir die Unternehmen selbst im Wettbewerb antreten lassen würden, wer das smartere Programm, oder die attraktiveren Rules hat, oder wer einen höheren Frauenanteil in Führungs- oder Aufsichtsratspositionen hat, würde das den Frauen wahrscheinlich mehr nutzen.

„Nur mit Frauen zu netzwerken ist nicht ausreichend."

Was ist dann die Aufgabe der Politik?

Im Hinblick auf Frauenförderung muss eine passende Infrastruktur geschaffen werden: Kindergärten, Schulbetreuung, Nachmittagsbetreuung sind hier Themen, wo die Politik gefragt ist.

Glauben Sie, dass es einen Unterschied von Führungs- und Management-Stilen zwischen Frauen und Männern gibt?

Frauen müssen Hierarchie lernen. Männer können besser mit Hierarchien umgehen, allein weil die meisten beim Bundesheer waren und spätestens dort hierarchische Strukturen kennengelernt haben. Männer haben ein viel digitaleres Denken – oben und unten. Sie wissen auch Hierarchien zu nutzen. Frauen denken umfassend. Sie versuchen Hierarchien zu umgehen, haben daher nie gelernt, diese auch zu nutzen. Ich vermute, obwohl ich dazu keinen empirischen Befund habe, dass Frauen eher auf die Menschen „schauen". Das kann einerseits gut sein, andererseits auch schlecht. Gut, da sie schnell herausfinden können, wo die Stärken der einzelnen Personen sind. Schlecht deshalb, da sie manchmal in Gefühlsduseleien fallen. Das Problem bei Frauen ist, dass sie Privates von Beruflichem schwer unterscheiden können, und sich so manchmal nicht auf das Wesentliche konzentrieren.

Wenn Sie auf Ihre Karriere zurückblicken, gibt es etwas worauf Sie ganz besonders stolz sind?

Worauf ich stolz bin, ist der gut gelungene Börsengang. Ebenso stolz bin ich auch auf die Zusammenführung der mobilkom mit dem Festnetz, die hoffentlich auch gut über die Bühne geht.

Aus der Sicht der Herausgeberinnen

Frauenquoten haben oft den schweren Stein der Gleichberechtigung erst ins Rollen gebracht. Leider haben diese aber nicht nur positive Auswirkungen auf Frauen, die die Karriereleiter hinaufsteigen. Oft unterstellt Mann gerade diesen Frauen, dass sie wenig Kompetenz hätten und ihre Leistung nicht erbringen. Weitere komplementäre Vorschläge könnten Förderprogramme und Lösungen wie beim deutschen Corporate Governance Codex oder das konsequente Implementieren eines transparenten Leistungsprinzips sein. Mit dem Erbringen von Leistungen und Ergebnissen haben Frauen sicher kein Problem und stehen ihren männlichen Kollegen um nichts nach.

*Herausforderungen als Chance betrachten – in Kombination mit Mut zum Risiko für das Neue und Ungewisse. Typische weibliche Eigenschaften? Auf den ersten Blick eher nein, nach zahlreichen Gesprächen und Interviews in erfreulich hoher Zahl, aber doch festzustellen. Was könnte, neben den allseits bekannten Forderungen wie Quoten und weitere möglicherweise nur bedingten Erfolg bringende Codices, helfen? Erfolgreiche Frauen öfter und zahlreicher „vor den Vorhang" bringen und zwingen (*smile*). Das Motto und das Ziel: Vermarktung auch in eigener Sache!*

Würden Sie sagen, dass Sie inzwischen eine IKT-Frau geworden sind?

Ich weiß nicht, ob ich eine IKT-Frau bin. Ich fühle mich in der Welt der Telekom sehr wohl. Ich würde mir niemals anmaßen, zu wissen, was in den Servern passiert und warum. Ich habe ein grundsätzliches Verständnis für IKT und natürlich begeistern mich die Produkte, mit denen man die außergewöhnlichsten Sachen machen kann. Insofern kann man mich durchaus als IKT-Frau bezeichnen.

Gibt es noch etwas, dass Sie den Frauen, die dieses Buch lesen werden, mitgeben möchten?

Ja, Herausforderung ist immer eine Chance. Mut spielt dabei eine große Rolle. Wichtig ist, dass man auf seine eigenen Ressourcen achtet, vor allen Dingen, dass man keine Selbstausbeutung betreibt. Hilfreich ist es auch, Männer bei ihrer Arbeit zu beobachten, um dann auch den eigenen Weg zu finden. ■

Mag. Marielouise Gregory, MBA, Leitung der Rechtsabteilung, Telekom Austria AG

Die 43-jährige Marielouise Gregory leitet seit Herbst 2008 die Rechtsabteilung der Telekom Austria AG, deren stellvertretende Leitung sie bereits inne hatte. In diesem Aufgabenfeld berät sie den Vorstand sowie die MitarbeiterInnen aller Fachbereiche der Telekom Austria in rechtlichen Belangen. Die Expertin für Vertrags- und Wirtschaftrecht begann ihre Karriere bei der Telekom Austria bereits 1996.
Während ihrer Laufbahn bei der Telekom Austria war Gregory für zahlreiche Umstrukturierungen des Konzerns verantwortlich, begleitete den Börsengang der TA und absolvierte von 2003 bis 2005 das „International Strategic Management Executive MBA Programm“ der LIMAK in Linz.
Privat liebt die passionierte Läuferin klassische Musik und Reisen. ■

LOVE IT

CHANGE IT OR LEAVE IT!

MARIA ZESCH
Geschäftsführerin Marketing, T-Mobile Austria

Frau Zesch, zu Beginn würden wir gerne wissen, wie Sie persönlich in die Welt der IKT gekommen sind?

Nach meinem Studium der Handelswissenschaften mit dem Schwerpunkt Internationales Marketing, wo ich auch Auslandserfahrung sammeln konnte, war mein erster Arbeitgeber der ORF. Dort war ich im Bereich „Neue Geschäftsfelder“ tätig und habe daran gearbeitet, neue Umsatzströme für den ORF zu erschließen. Allerdings war mir der ORF zu national getrieben und ich wollte weiter international tätig sein und bin 1999 zu AT Kearney als Beraterin gegangen, um mich dort den IKT Projekten in unterschiedlichen Ländern zu widmen.

Das war eine sehr spannende Aufgabe und ich habe viel über diese komplexe Industrie- und Dienstleistungsbranche gelernt. Als dann 2003 das Angebot von T-Mobile kam, für unseren ehemaligen CEO Herrn Dr. Pöltzl zu arbeiten und die Konzernstrategie mitzuentwickeln, habe ich das sehr gerne angenommen. Ich wurde also zuerst Vizepräsidentin Strategie und danach Bereichsleiterin für Consumer-Marketing. Anschließend hatte ich wieder die Chance, ins Ausland zu gehen und war bis zum Jänner des heurigen Jahres Geschäftsführerin für Marketing in Kroatien.

Es fällt sofort auf, dass Sie gerne international tätig sind und wirken. Was daran fasziniert Sie so?

Mich interessieren komplexe und unterschiedliche Themen und ich interessiere mich auch für neue Menschen und andere Kulturen. Dazu muss man einfach aus Österreich hinaus und neue Themen oder Zugänge kennen lernen. Für mich kommt auch einmal ein anderer Bereich außer Marketing in Frage und ich bin für die Zukunft sehr aufgeschlossen.

Aber die IKT Branche soll es schon bleiben oder wollen Sie auch diese einmal wechseln?

Ich fühle mich in der Telekommunikation sehr wohl, jedoch ist für mich die Vermarktungsseite spannender als die technische.

Woher kommt dieses Gefühl hier im technischen Umfeld, noch eine Barriere zu haben?

Nun, ich bin keine Userin, die technische Details bis zum Letzten verstehen muss. Mich interessiert, was ich aus einem technischen Service machen kann und wie ich ein Produkt so nutzen kann, dass es zwischenmenschliche Kommunikation erleichtert oder verbessert.

Mit welchen Adjektiven würden Sie die IKT Branche beschreiben?

Für mich ist die IKT sehr komplex, interessant und stetig im Wandel. Die Branche ist sehr variantenreich, schnell verändernd und erfindet sich immer wieder neu. Wer hätte vor einigen Jahren gedacht, was alles mit Facebook und YouTube möglich ist? Die Trends, die hier gesetzt werden können, sind einfach gigantisch, faszinierend und einmalig im Vergleich zu anderen Wirtschaftszweigen.

So, wie Sie die Branche beschreiben, müsste sie optimale Bedingungen für Frauen bieten?

Ich denke, dass die Bedingungen sehr gut sind und hoffe, dass sich mehr engagierte Frauen für die IKT Branche interessieren und sich bewerben, auch weil Frauen 50% der Kunden darstellen und ein Unternehmen auf die Kompetenz von Frauen damit nicht verzichten kann. Ich hoffe wirklich, dass mehr Frauen in der IKT Fuß fassen.

„Ein Läufer wird nicht danach gemessen, wieviel er geschwitzt hat, sondern danach, wie schnell er im Ziel ist."

Offensichtlich gibt es immer noch Barrieren, die dazu führen, dass Frauen im Topmanagement der IKT auch nur in geringem Maße zu finden sind.

Der Frauenanteil im Management ist im IKT Bereich nicht geringer als in anderen Wirtschaftszweigen, ich sehe auch in Bereichen, wie der Bauwirtschaft oder der Güterbeförderung, nicht viele Frauen. Hier müssen generell viele Maßnahmen gesetzt werden, um Frauen zu fördern.

Welche Maßnahmen müssten denn gesetzt werden, um zu einer Verbesserung zu kommen?

Die Deutsche Telekom etwa hat im letzten Jahr eine Frauenquote von 30% für das Unternehmen eingeführt und ich bin überzeugt, dass dies sehr hilfreich ist. Andererseits wehren sich auch viele Frauen davor, zur Quotenfrau abgestempelt zu werden. Ich denke, dass zusätzliche Förderprogramme im Unternehmen und die Motivation von Frauen daran teilzunehmen, eine notwendige Ergänzung sind. Auf jeden Fall bin ich dafür, dass bei gleicher Qualifikation der Frau der Vorzug gegeben wird, bis die Quote erfüllt worden ist.

Die Deutsche Telekom hat diese Maßnahme im Rahmen eines Corporate Governance Codex umgesetzt. Wie schätzen Sie die Vorteile und Nachteile bezüglich des Wettbewerbes ein?

„Die Deutsche Telekom hat im letzten Jahr eine Frauenquote von 30% für das Unternehmen eingeführt und ich bin überzeugt, dass dies sehr hilfreich ist."

Die Richtlinie hat zuerst einmal sehr viel nach innen bewirkt und ist ein wichtiges Zeichen an alle Frauen, dass sie sich bewerben sollen und motiviert die Frauen im Unternehmen sehr. Nach außen hat damit die Deutsche Telekom, als erstes DAX Unternehmen, sicherlich eine positive Reaktion ausgelöst. Ich sehe nur Vorteile für die Deutsche Telekom und hoffe, dass andere Unternehmen folgen werden.

Wir wissen, dass die Babypause oft einen Karriereknick zur Folge hat und es sehr schwierig ist, in der Privatwirtschaft nachher wieder an seinen Karriereweg anzuschließen. Was kann ein Unternehmen hier unterstützend tun?

Es ist sicher von beiden Seiten, von der Frau und dem Unternehmen abhängig, ob ein Karriereknick entsteht oder nicht. Die Frau muss sich dafür entscheiden, nicht zu lange zu Hause zu bleiben und in unserer Branche nach einem Jahr wieder zurückzukommen. Das Unternehmen muss der Frau dabei entgegenkommen. Wir bei T-Mobile haben zum Beispiel spezielle Karenzprogramme, bei denen wir die Frauen inhaltlich rechtzeitig updaten, um sie aus der Karenz abzuholen.

Gerne wollen wir noch ein wenig die internationale Komponente beleuchten. Sie waren Geschäftsführerin in Kroatien. Gibt es einen kulturellen Unterschied zum Thema „Frauen in der IKT“ und wenn ja, welchen?

„Die Trends, die in der IKT gesetzt werden können, sind gigantisch, faszinierend und einmalig im Vergleich zu anderen Wirtschaftszweigen.“

Ich kann bestätigen, dass es auf jeden Fall einen Unterschied zu den deutschsprachigen Ländern gibt. Ich hatte sehr viele Mitarbeiterinnen mit einer technischen Ausbildung. Im östlichen und südöstlichen Europa ist das auf den ehemaligen Kommunismus zurückzuführen. Die Frauen haben keine Scheu vor technischen Ausbildungen und sind im gleichen Ausmaß in technischen Unternehmen tätig wie Männer.

Wie stehen Sie persönlich zu Networking?

Veranstaltungen wie hier das Forum Alpbach, finde ich zum Networken optimal, weil ich sehr viele verschiedene Leute vorfinde und in kurzer Zeit viele produktive Dinge erledigt werden können. Ich bin sehr skeptisch gegenüber reinen Frauennetzwerken, habe aber eben erst ein gutes Beispiel eines Frauennetzwerkes in Oberösterreich beim Frauenforum kennen gelernt. Dieses Treffen war eine inhaltliche Bereicherung und es ging dabei um das Geschäft und um die Effizienzsteigerung. Ich werde nicht dafür bezahlt, besonders viele persönliche Kontakte zu haben, sondern die Marke T-Mobile gut zu positionieren. Kontakte, die mich dabei unterstützen und mich meinem beruflichen Ziel näher bringen, stehen für mich an oberster Stelle.

Ist es aus Ihrer Sicht erlaubt, das berufliche Netzwerk auch für den persönlichen Karriereweg zu nutzen?

Das lässt sich nicht trennen und ergibt sich zwangsläufig. Sein Netzwerk nutzt man sicher für das Unternehmen und für sich persönlich auch.

Glauben Sie, dass Frauen mehr arbeiten müssen als Männer, um weiter zu kommen?

Ein Läufer wird nicht danach gemessen, wieviel er geschwitzt hat, sondern danach, wie schnell er im Ziel ist. Es muss den Frauen daher klar werden, dass nicht der Umfang der Arbeit, sondern das Ergebnis zählt.

Wenn Sie auf die letzten Jahre zurückblicken, gibt es etwas auf das Sie ganz besonders stolz sind oder das Sie ganz besonders geprägt haben?

Ja! Ich wurde im September Geschäftsführerin in Kroatien und hatte im April Geburtstag. An diesem Tag hat mich meine Sekretärin gebeten, ich möge doch in das Marketingstockwerk hinunterfahren. Als ich aus dem Aufzug ausstieg und auf den dunklen Gang hinaustrat, wurde der Raum auf einmal mit Kerzenschein und Sprühfunken erhellt, begleitet von einem Geburtstagslied aller meiner Mitarbeiter und Mitarbeiterinnen. Es ist mir gelungen in so kurzer Zeit zu meinem Team eine ganz außergewöhnlich gute Arbeitsbeziehung aufzubauen. Das war ein sehr schönes Feedback an mich und meine Managementqualifikation und ich bin sehr stolz darauf.

Gibt es einen Unterschied im Managementstil von Frauen und Männern?

Ich glaube jeder Mensch ist anders und es gibt unterschiedliche Stilrichtungen. Mein Verdacht ist, dass Frauen sehr gut zuhören können und auch zwischen den Zeilen lesen, sowie einfach besonders gut sind, wenn es um menschliche Beziehungen geht. Außerdem finde ich den Leistungswillen und den Ehrgeiz bzw. den Einsatz bei Frauen viel ausgeprägter als bei Männern.

Welchen Rat möchten Sie gerne Frauen mit auf den Weg geben?

Meine Botschaft an die Frauen ist: „Love it, change it or leave it!" Also, wenn es Spaß macht, dann mach weiter. Wenn es keinen Spaß macht, dann versuche es zu ändern und wenn du es nicht ändern kannst, dann lass es sein und suche dir etwas Neues.

Gibt es einen Preis, den Sie für Ihren beruflichen Erfolg zahlen müssen?

Das ist eine sehr individuelle Angelegenheit. Ich persönlich habe nicht das Gefühl einen Preis zu zahlen und ich bin sehr glücklich mit meiner Tätigkeit und meinem Leben. ■

Aus der Sicht der Herausgeberinnen

Im internationalen Vergleich zeigt sich, dass in den Ost- und Südeuropäischen Ländern der Anteil von Frauen mit technischen Berufen und Ausbildungen um einiges höher ist, als im deutschsprachigen Raum. Wir sehen dort, dass viele Frauen bereits mit einer sehr guten technischen Grund-Qualifikation auf den Arbeitsmarkt kommen und so auch erfolgreich in internationalen IKT Unternehmungen Fuß fassen und Karriere machen. Es müsste daher in Österreich ein um einiges größeres Augenmerk darauf gerichtet werden, bereits jungen Mädchen in ihrer beruflichen Orientierungsphase Lust auf Naturwissenschaften und Technik zu machen, um langfristig die gesellschaftlich und wirtschaftlich notwendige Trendumkehr einzuleiten.

Die überaus faszinierende, hoch dynamische und innovative IKT Branche ist immer noch fest in männlicher Hand, obwohl mehr als die Hälfte der Kunden Frauen sind. Gerade für die Entwicklung neuer Produkte und Services wäre aber bereits in der Entwicklung neuer Anwendungen der „weibliche Blick" sehr hilfreich. Frauen zeichnen sich generell durch einen eher Usability getriebenen Zugang aus, d.h. es steht meist die Nützlichkeit / der Mehrwert einer Anwendung im Vordergrund, eher weniger bis gar nicht die Technik dahinter. Es ist für die gesamte Branche daher sehr bedauerlich, dass es noch immer zu wenig Frauen, gerade in der Produktentwicklung gibt.

Mag. Maria Zesch, Geschäftsführerin Marketing, T-Mobile Austria

Mag. Maria Zesch wurde am 9. April 1973 in Mistelbach geboren. Nach Absolvierung der Handelsakademie studierte Maria Zesch Handelswissenschaften an der WU Wien und verbrachte ein Semester in England.
Nach dem Studium begann sie 1997 als Projektmanagerin für „Neue Geschäftsfelder" beim ORF und entwickelte dabei Produkte für den Bereich Neue Technologien. Zwei Jahre später wechselte sie zur internationalen Strategieberatung A.T. Kearney Consulting und konnte so viel Erfahrung im IKT Bereich in vielen Ländern sammeln.
Seit 2003 ist sie im T-Mobile Konzern tätig: Als Abteilungsleiterin in der Strategie fing sie im Unternehmen an, bevor sie im Februar 2005 ins Marketing wechselte und dort die Leitung des Consumer Segments übernahm. Mitte 2008 übernahm sie bei der Konzernschwester T-Mobile Kroatien in der Geschäftsleitung die Marketingagenden.
Am 1. Jänner 2010 wurde Maria Zesch in die Geschäftsleitung von T-Mobile Austria berufen und ist zuständig für die Marketingagenden in Österreich. ■

DIE FASZINATION

DER INFORMATIK

HILDA TELLIOGLU
Assoziierte Professorin, Stv. Studiendekanin
Technische Universität Wien, Institut für Gestaltungs- und Wirkungsforschung

Frau Tellioglu, Sie sind an der Technischen Universität Wien Professorin für Informatik. Wie definieren Sie IKT?

Es gibt eine große Bandbreite in der IKT und wenn Technikerinnen und Nicht -Technikerinnen über IKT sprechen, dann sprechen Sie über zwei unterschiedliche Dinge. Es macht einen Unterschied, ob ich eine Anwendung programmiere oder ob ich mit der Anwendung arbeite bzw. über die Folgen der Anwendungen spreche.

Was gefällt Ihnen an der Informatik?

Ich setze mich hin, habe eine Idee und ein Design, dann produziere ich eine Anwendung und diese kann dann überall eingesetzt und von jedem angewendet werden. Ich überlege mir dabei, wie der User damit umgehen wird und daher spreche ich auch viel mit den Anwendern. Es gefällt mir, wenn eine Idee von mir einen Nutzen hat.

Denken Sie, dass sich Frauen generell eher schlechter „verkaufen" und wenig Selbstbewusstsein haben?

Ich glaube, viele Frauen kokettieren auch damit, dass sie sich halt bei der Technik nicht so gut auskennen. Nach dem Motto: Ich kann zwar anwenden, aber um die technischen Herausforderungen/Problemstellungen und Lösungen soll sich bitte jemand anderer kümmern!

Doch bin ich der Meinung, dass nur jemand über IKT sprechen kann, der auch weiß, wie sie technisch funktioniert. Es gibt sogar Frauen, die haben eine Professur in Informatik und können selbst keinen Code schreiben.

„Der Fachbereich darf sich nicht biegen und so verändern, dass er mit der Qualifikation der sich bewerbenden Frau übereinstimmt."

Gibt es auch männliche Lehrende, die Codes nur mangelhaft beherrschen?

Ja, die gibt es auch, allerdings in einem geringeren Anteil als bei den Frauen. Diese Männer und Frauen verstecken sich hinter der Wissenschaft und können selbst keine Anwendung produzieren.

Ist das nicht ein großes Nivellierungsproblem, wenn technisch nicht qualifizierte Frauen in solche Positionen kommen können?

Natürlich, ich bin der Meinung, so etwas darf auf der TU in Informatik nicht vorkommen, denn unsere Studierenden haben das Recht, eine Antwort auf ihre technischen Fragen zu bekommen.

Ich bin Mitglied der Gleichbehandlungskommission an der Uni und für den Fachbereich Informatik verantwortlich. Ich finde es sehr gut, dass es diese Einrichtung gibt, denn ohne sie hätten wir nicht weitere weibliche Professuren bekommen. Es darf nur nicht sein, dass diese Professuren mit Frauen ohne ausreichende Qualifikation besetzt werden. Der Fachbereich darf sich keinesfalls so biegen und verändern, dass er mit der Qualifikation der sich bewerbenden Frau übereinstimmt.

Heißt das aus Ihrer Sicht, dass Frauen minder qualifiziert sind und nicht so gefördert gehören?

Nein, das ist mir zu absolut. Aber es gibt Frauen, die bestimmte Positionen erreichen wollen, die z.B. Professuren besetzen wollen und nicht ausreichend qualifiziert dafür sind. Diese Bewerberinnen haben es bei mir schwer, weil ich sie nicht unterstütze. Ich suche bei offenen Stellen immer gute Frauen, die sich bewerben könnten, weil von unseren Frauen sich von selbst wenig bewerben, außer sie kommen aus dem ost- und südosteuropäischen Raum.

Warum haben wir so schwache Frauen und andere europäische Länder technisch weit qualifiziertere?

Ich lass jetzt einmal die Sache mit der Puppenecke für Mädchen aus, denn die kennen wir ja alle schon zur Genüge. Natürlich geht es um Rollenbilder und die gesellschaftliche Einstellung. Ich komme aus der Türkei und habe dort die österreichische Schule besucht und mich anschließend zum Informatik Studium in Österreich entschlossen. Das war für mich bzw. meine Familie überhaupt kein Thema und selbstverständlich, dass ich ein technisches Studium in Österreich absolvieren soll und werde.

Es gibt an der TU generell noch immer eher wenig Frauen, die Informatik studieren, aber würden Sie sagen, dass dafür der Anteil an Migrantinnen bei den Studierenden ein hoher ist?

Jetzt ist der Anteil an Studierenden mit Migrationshintergrund nicht mehr so hoch als er das früher war. Aber bei den Bewerberinnen für Professuren und bei den Professuren selbst, haben wir einen hohen Anteil an Personen mit Migrationshintergrund. Die meisten kommen aus Ländern wie Slowenien, Ungarn, Rumänien oder Bulgarien. Diese Frauen sind ausgezeichnet ausgebildet und haben ein sehr gutes Auftreten.

Woher kommt dieser Unterschied?

Es gibt inzwischen Untersuchungen darüber, dass der Anteil der Technik-Studierenden, unabhängig vom Geschlecht, eng mit der ökonomischen Situation zusammenhängt. In den ökonomisch noch nicht so weit entwickelten Ländern, wie Rumänien, Bulgarien etc. ist daher der Anteil an Technikern und Technikerinnen viel höher, da die Entscheidung für den Beruf auf die Beschäftigungsmöglichkeiten zurückzuführen ist. In Portugal zum Beispiel gab es vor dem EU-Beitritt sehr viele weibliche Physikerinnen, da diese am Arbeitsmarkt sehr gefragt waren. Nach dem EU-Beitritt ging der Anteil extrem zurück und jetzt studieren die Frauen wieder Klassiker wie Psychologie

„Frauen sind besonders gut in den Bereichen Design von User Interfaces und Usability. Sie verstehen einfach mehr davon, Frontendsysteme zu entwerfen und zu entwickeln.“

oder Pädagogik. Zusammengefasst bedeutet das, eine schlechte wirtschaftliche Lage führt zu einer höheren Technikerinnenquote. Anders herum kann man auch sagen, wenn es uns so gut geht, warum sollte ich dann ein so schwieriges und anstrengendes Studium wählen. Weil wir Wohlstand haben, können wir auch den einfacheren Weg wählen.

Müsste es aus ihrer Sicht schon an der Schule unterschiedliche individuelle Unterrichtsmethoden geben für Mädchen und Buben?

In der Schule läuft einiges schief. Es ist ein großes Problem, dass wir nur Lehrerinnen haben und keine Lehrer; das schadet sehr. Die Buben und die Mädchen werden kategorisiert und mit bestimmten Eigenschaften punziert. Es werden die klassischen Rollenbilder und Stereotypen, sowie die Geschlechtertrennung stark gepflegt, anstatt diese durch gute Pädagogik zu durchbrechen und aufzuheben.

Die Buben in der Klasse meines Sohnes zum Bespiel zeichnen Autos und Lokomotiven oder Fabriken und Fließbänder und die Mädchen ziehen sich hübsch an und spielen Modenschau. Hier sind sowohl die Eltern als auch die Lehrer gefragt, diese Rollenbilder aufzubrechen und ihnen entgegenzuwirken.

Was wird von einer Frau in der Gesellschaft erwartet?

Die Gesellschaft entwickelt sich wieder zurück in Richtung Frau-Kind-Familie-Herd. Nachdem der Feminismus nicht funktioniert hat und keine neuen Theorien ihren Platz erobert haben, ist alles wieder zu den alten Rollen zurückgekehrt. Wir brauchen eine neue Aufklärung.

Was erwarten Sie von einer Frau?

Ich erwarte mir nicht, dass sich alle für Informatik interessieren. Ich erwarte, dass Frauen sich nicht durch die typischen Bilder, die durch Medien, Werbung und Gesellschaft vermittelt werden, biegen lassen, sondern ihren eigenen Weg finden und das machen, was sie wirklich interessiert. Ich erwarte mir, dass eine Frau, wenn sie es möchte, auch LKW Fahrerin werden kann.

Was können Sie persönlich beitragen, damit mehr Frauen in eher untypische technische Ausbildungen kommen?

Wir brauchen weiblichen Nachwuchs und daher bemühen wir uns bei der Gestaltung der neuen Studienpläne, die einzelnen Bereiche nicht ausschließlich mit technischen Begriffen und Inhalten zu belegen, Anwendungen begreifbar zu machen und die Inhalte zu veranschaulichen. Man könnte auch sagen, wir „verpacken" bzw. vermarkten die Studienpläne anders und somit für Frauen auch ansprechender. Zum Beispiel, dass wir in Teams arbeiten, Teamleitungskenntnisse verlangen, oder wirtschaftlichen Fragestellungen nachgehen, sowie Organisationstheorie lehren, auch Design und Modellierung. Diese Bereiche sind für Frauen interessant und das wiederum motivierend, ein technisches Studium zu wählen. Es geht aber nicht nur um die „Verpackung", diese Inhalte sind auch gelebte Realität. Wir machen nur transparenter, welche Inhalte im Studium geboten werden und Frauen besonders ansprechen. Ich versuche auch, den Technikern unter uns klar zu machen, dass wir keine Lochkarten mehr haben, sondern social media, facebook & Co – damit hat sich auch die Informatik verändert.

Welche Eigenschaften hat die IKT für Sie?

Für mich ist die IKT auf der einen Seite sehr kompliziert, problemorientiert und teilweise frustrierend, weil oft keine Lösungen gefunden werden können. Auf der anderen Seite ist die IKT selbstverständlich, grundsätzlich und einfach überall vorhanden. Wenn man die erste schwierige und sehr anstrengende Phase überwunden hat, dann ist die IKT einfach nur mehr faszinierend und spannend. Wir versuchen, diese Faszination in den Studienplan zu formulieren und zu kommunizieren.

„Es gibt inzwischen Untersuchungen darüber, dass der Anteil an technischen Studierenden, unabhängig vom Geschlecht, mit der ökonomischen Situation des Landes eng zusammenhängt."

Welche Veränderungen sind gesellschaftlich notwendig?

Männer müssen sich mehr um die Kinder kümmern und auch häufiger in Karenz gehen. Frauen müssen wieder früher in den Beruf einsteigen können. Wenn sie in der IKT weiterkommen wollen, dann dürfen Frauen nicht lange zu Hause bleiben, in der Wissenschaft maximal die Zeit des Mutterschutzes. Es müssen aber auch mehr Kinderbetreuungseinrichtungen geschaffen werden, die flexibler sind, als die derzeit vorhandenen. Die Politik muss sich überlegen, wie kann die Stadtplanung auf die Bedürfnisse von Frauen oder Männern mit Kind Rücksicht nehmen? Wie können Angebote geschaffen werden, die auch außerhalb der eigenen Wohnung das Stillen ermöglicht oder barrierefreie Mobilität auch mit einem Kinderwagen. Außerdem müssen die Einkommensunterschiede zwischen Männern und Frauen geringer werden, damit die ökonomische Entscheidung, wer in Karenz geht, auch für Männer leichter wird.

Wie haben Sie persönlich es geschafft, mit Kind erfolgreich im Beruf zu sein. Was war Ihr persönlicher Weg?

Ich habe einen Mann, der in Karenz gegangen ist, und mein Mann kümmert sich auch heute noch sehr sehr viel um unseren Sohn. Wir haben uns das einmal ausgerechnet, dass er von 12 Monaten im Jahr ca. 4 Monate ausschließlich für unser Kind da ist. Ohne meinen Mann hätte ich meine wissenschaftliche Karriere nicht machen können.

Haben Sie einen persönlichen Preis für ihren wissenschaftlichen Erfolg gezahlt?

Ich bin sehr zufrieden und bezahle keinen Preis – ich habe alles so gemacht, wie ich es wollte.

Lehren Frauen und Männer an der Uni anders?

Das sachliche Fachwissen wird von weiblichen Professorinnen oft von emotionalen Dingen überdeckt. Frauen gehen sensibler auf die Bedürfnisse der Studierenden ein. Die Gefahr dabei ist, dass der Inhalt dann simplifiziert wird, das wiederum finde ich schlecht.

Würde die IKT davon profitieren, wenn sich mehr Frauen darin bewegen würden?

Frauen sind besonders gut in den Bereichen Design von User Interfaces und Usability. Sie verstehen einfach mehr davon, Frontendsysteme zu entwerfen und zu entwickeln. Männer sind dafür besser in den Algorithmen, wollen aber meist von den Usern gar nichts wissen und schon gar nicht mit ihnen persönlich in Kontakt treten. In der Kombination dieser zwei Talente wird das Optimum erreicht.

Aus der Sicht der Herausgeberinnen

Bedingt durch die Kinderpause gibt es einen Unterschied im Karriereverlauf von Frauen und Männern. Dazu kommt, dass geeignete Kleinkinderbetreuungsplätze nicht in ausreichender Anzahl vorhanden sind und dass sich Mütter, die Karriere machen wollen, oft als Rabenmütter bezeichnen lassen müssen. Dies macht es für Frauen noch schwieriger, wieder sehr rasch einzusteigen. Doch gerade die IKT-Branche verträgt aufgrund ihres innovativen Charakters und der permanenten technologischen Entwicklungen keine langen „Abwesenheitszeiten“. Ein Spagat, der es Frauen nochmals schwieriger macht, diese interessante und überaus spannende Branche für sich zu entdecken.

Ein Mangel an männlichen Lehrkräften in den Grundschulen verbunden mit dem Image, dass Technik im allgemeinen und Informatik im speziellen nach wie vor zu komplex, kompliziert und schwierig zu erlernen sei, sind mit dafür verantwortlich, dass es viel zu wenige Frauen (Technikerinnen) in der IKT gibt. Doch gerade sie sind es, welche die Zukunftsbereiche User-Interface, Frontenddesign und Usability viel kundennaher bearbeiten könnten.

Wie sehen Sie als Wissenschafterin die IKT Managerinnen?

Naja, da gibt es viele, die sind immer auf irgendwelchen Frauenclubbings und trinken Cocktails und glauben sie sind chic. Das nervt mich irgendwie, daher gehe ich da auch nicht hin. Ich finde es gut, wenn erfolgreiche und gute IKT Managerinnen auf Diskussionspodien sitzen und die Gelegenheit haben, Ihr Wissen weiterzugeben.

Gibt es etwas, auf das Sie ganz besonders stolz sind?

Ich habe sehr intensiv dafür gekämpft, einen unbefristeten Vertrag zu erhalten, das ist gar nicht so einfach, ich bin stolz darauf, habilitiert zu sein und eine assoziierte Professur bekommen zu haben. Ich musste gegen das System ankämpfen, weil auch die Gelder für die Forschung sehr gering sind und je geringer die Ressourcen, umso größer die Konkurrenz um die wenigen Plätze. Ich würde dringend eine Erhöhung der Forschungsgelder wünschen, da wir hier viel zu wenig Geld haben und der Bedarf nach Forschung gerade in der IKT sehr hoch ist. ■

**Univ.-Ass. Assoziierte Professorin,
Stv. Studiendekanin,
Dr. Hilda Tellioglu,
Technische Universität Wien,
Institut für Gestaltungs- und
Wirkungsforschung**

Die 1967 in Istanbul geborene Hilda Tellioglu, studierte an der TU Wien Informatik, wo sie 1990 ihr Studium abschloss. 1995 hat sie an der TU promoviert, 2007 habilitiert. Zahlreiche Publikationen sowie Research fellowships und Visiting Professuren prägen ihre wissenschaftliche Laufbahn.
Frau Tellioglu ist verheiratet und hat ein Kind. Doch nicht nur wissenschaftlich ist die Vielarbeiterin sehr erfolgreich. Neben ihrer universitären Lehrtätigkeit ist Frau Tellioglu noch Direktorin zweier privatwirtschaftlicher Unternehmungen. ■

Ich suche die H

-RAUSFORDERUNG

SABINE LEHNER
CIO, Wiener Stadtwerke Holding AG

Sie sind CIO eines sehr großen Konzerns, konkret der Wiener Stadtwerke Holding. Das ist, wie wir finden, durchaus außergewöhnlich. Wie sind Sie in diese Position gekommen?

CIO bin ich nicht plötzlich, sozusagen von heute auf morgen, geworden. Ich denke, dass ich mich im Rahmen meines beruflichen und schulisch/universitären Werdeganges konsequent zu dieser Position hin entwickelt habe. Sozusagen als hätte ich schon immer CIO werden wollen. (lacht)

Schon als Kind hatte ich ein ausgeprägtes Interesse für technische Zusammenhänge. In der Hauptschule haben die Lehrer gesagt: „Das Mädchen hat ein hohes naturwissenschaftliches Verständnis und ihre Stärken liegen in Mathematik, Physik etc!" und sie haben meinen Eltern, geraten, mich in die HTL zu schicken, obwohl das eigentlich eine Schule nur für Buben war, aber ich würde da schon dazu passen. Ich habe mich für die Fachrichtung Elektrotechnik entschieden, dieser Zweig hat mich am meisten fasziniert. Ich hatte also in meiner bisherigen Laufbahn fast immer nur mit Burschen bzw. Männern zusammengearbeitet. Ich habe mich daran inzwischen gewöhnt, auch wenn es in der Schulzeit teilweise „Sonderbehandlungen" für mich geben musste. Nach der Matura habe ich – für mich fast logischerweise – in einem technischen Unternehmen meine Berufslaufbahn gestartet.

Was heißt Sonderbehandlung?

Zum Schikurs musste immer eine weibliche Lehrkraft mitfahren, das war gar nicht so einfach, da es ja nicht viele weibliche Lehrkräfte an der HTL gab und in der Werkstätte waren z.B.: meine langen Haare damals durchaus ein Problem. Wenn wir als Klasse wo hingekommen sind, ist das EINE Mädchen immer herausgestochen.

Wie ist es Ihnen damals damit gegangen – wie haben Sie sich gefühlt als einziges Mädchen in der HTL?

„... ich wollte immer gestalten und ich suche stets die Herausforderung."

Ehrlich, das war nicht immer einfach für mich, vor allem gerade in diesem Lebensalter auch schwierig. Es hat auch Lehrer gegeben, die dachten wohl, ein Mädchen gehört nicht in eine technische Schule, denn die könnte bestenfalls den Stoff auswendig lernen, aber nicht verstehen. Anderseits wurde ich dann wieder bevorzugt behandelt, z.B. in der Werkstätte wurde des öfteren an meinem Werkstück vorgezeigt und damit schon vorgearbeitet. Das hat mir dann auch nicht gepasst, mir war es am liebsten, wenn ich GLEICH behandelt wurde. Fakt ist, ich bin sicher gestärkt durch diese Erfahrungen aus der Schulzeit geworden. Heute weiß ich, dass diese Zeit den Grundstein gelegt und mich sehr geprägt hat.

Sie sind dann nach der HTL ins Berufsleben eingestiegen und haben auch hier einen eher nicht wirklich leichten Weg gesucht?

Ich habe anschließend in einem technischen Beruf gearbeitet, da war ich auch die einzige Frau im Unternehmen. Das Unternehmen hat Schaltschränke hergestellt und ich war in der Konzeptionierung tätig, daneben gab es die Fertigung. Zur Abstimmung musste ich des öfteren mit meinen Plänen in die Werkstätte und mit den Arbeitern diskutieren, ob meine Vorgaben richtig waren. Die Arbeiter haben mich natürlich ganz gern abgeprüft, was ich nun wirklich vom Fach verstehe – versteht sich. (lacht)

Die EDV hat mich interessiert und nebenberuflich begann ich Betriebswirtschaft zu studieren. Das war für mich wirklich absolutes Neuland, denn da waren genauso viele Frauen, wie Männer auf der Uni und ich war nicht mehr so exponiert, das hat mir gut getan und ich habe mich sehr wohl gefühlt. Ich habe mich für den Weg zur Generalistin entschieden und behalte gerne den Überblick, um zu sehen, wo Handlungsfelder sind.

Wann sind Sie dann in die Wiener Stadtwerke Holding gekommen?

2001 bin ich ins Rechenzentrum der Wiener Stadtwerke in die Wien IT (vormals e&i) eingetreten. Begonnen habe ich als Kundenbetreuerin und Projektleiterin für ausgewählte strategische Projekte.

Wenn Sie auf Ihre Karriere zurückblicken, haben Sie klar artikuliert und ausgesprochen, dass sie eine (neue) Position möchten oder haben Sie es eher dem Zufall überlassen?

Es war definitiv kein reiner Zufall, doch es gehört schon auch eine Portion Glück dazu. Ich habe mir immer überlegt, wie ich die mir zur Verfügung stehende Zeit am besten nützen kann und welche Schritte ich beruflich und ausbildungsmäßig als nächstes setzen soll. Schon als Projektleiterin hab ich nach Möglichkeit darauf geachtet, bei den interessanten Projekten mitzuarbeiten und ich habe aufgezeigt, als strategische Projekte zu managen waren. Man kann sich dabei natürlich auch die Finger verbrennen, aber ich wollte immer gestalten und ich suche stets die Herausforderung. Arbeit hatte bei mir schon immer einen hohen Stellenwert und ich war immer gerne bei Projekten dabei, bei denen ich etwas bewegen konnte.

Als ich gehört habe, dass in der Holding eine neue CIO-Organisation aufgebaut werden soll habe ich mir gedacht: „Das wäre etwas für mich!“ Ich habe mich für diese Position beworben und damit mein Interesse klar ausgesprochen.

Wir finden es toll, dass Sie sich gemeldet haben. Wir erleben oft, dass Frauen ihre Karrierewünsche und Vorstellungen nicht artikulieren und dann auch nicht genommen werden können.

Ja, ich wollte diesen Job unbedingt haben und habe mich gut vorbereitet auf das Hearing des externen Beraters und wurde dann auch genommen. Das war 2004 und ich war damals die erste Mitarbeiterin in diesem neuen Stab. Ich habe

„Arbeit hatte bei mir schon immer einen hohen Stellenwert und ich war immer gerne bei Projekten dabei, bei denen ich etwas bewegen konnte."

dann sukzessive neue Themenbereiche aufgebaut und das nachfolgende Team ausgesucht.

Welche Themen gehören zur strategischen IT und wie ist Ihre Funktion?

Die Themenbereiche umfassen im Wesentlichen das strategische Applikationsarchitekturmanagement, Ausarbeiten von technischen IT-Standards, die Festlegung von konzerninternen IT-Verrechnungsstrukturen, das IT-Controlling, Projektmanagement und IT-Security. Wir arbeiten bei wichtigen strategischen Konzernprojekten mit, wie z.B. Smart Metering und initiieren große IT-Implementierungsprojekte. Wir richten uns vor allem an die Konzerngesellschaften und haben die strategische Ausrichtung des Gesamtkonzerns im Fokus.

Ich mache meinen Job sehr gerne und manchmal ist ein Projekt natürlich auch in schwierigen Phasen, dann arbeite ich, wenn erforderlich, am Wochenende oder bis spät abends.

Was machen Sie zum Ausgleich, damit die Work – Life Balance wieder stimmt und Sie sich nicht selbst ausbeuten?

Ich betreibe regelmäßig Sport und bin gern in der freien Natur. Ich versuche Freizeitstress möglichst zu vermeiden, treffe mich gerne mit Freunden und verbringe die freie Zeit gemütlich mit meiner Familie.

Gibt es einen Preis in Ihrem Leben, den Sie für Ihre Karriere zahlen mussten?

Jeder hat einen Preis zu zahlen. Die Frage ist, wie wichtig einem Freizeit oder Sorglosigkeit sind oder möchte man exponiert sein und in der ersten Reihe stehen. Ich arbeite lieber im Hintergrund und wenn dann alles fertig ist, dann kann man damit in die erste Reihe gehen. Generell liegt mir Exponiertheit eher nicht.

Haben Sie viele Frauen bei Ihnen in der Abteilung?

Es gibt leider nicht so viele Frauen in der IT. Bei Neubesetzungen freue ich mich daher umso mehr über qualifizierte weibliche Bewerberinnen. Innerhalb des letzten Jahres habe ich zwei vakante Stellen durch ehemalige Kolleginnen aus der WienIT besetzt, die mir dort als sehr gute Projektleiterinnen aufgefallen sind. Ich finde, wir haben im Konzern ohnehin eine hervorragende Frauenförderung und ein gutes Klima diesbezüglich. Hier ist sicher Frau Generaldirektorin Payr und die für Personal zuständige Vorstandsdirektorin Domschitz ein Vorbild.

Sind es diese Frauen, die als Vorbilder dann wieder Frauen im Unternehmen fördern?

In meinem Fall war es Generaldirektorinstellvertreter Krajcsir, der mich gefördert hat und mir diese Chance gegeben hat. Es braucht wahrscheinlich beides, einerseits Frauen, die als Vorbilder dienen können und Männer, die Frauen auch fördern und zulassen können. In meinem Fall haben mich Männer gefördert. Aber generell muss ich schon sagen, wenn – so wie bei den Wiener Stadtwerken – Frauen in Spitzenpositionen agieren, dann wird es nicht mehr so hinterfragt, wenn eine Frau eine neue Position bekommt, dann ist der Weg schon etwas leichter. Ich habe in meinem Beruf als Technikerin erlebt, dass ich mich immer zuerst rechtfertigen musste, dass ich eine Frau bin, das fand ich nicht fair.

Sie haben einen 19-jährigen Sohn. Wie ist es Ihnen mit der Vereinbarkeit Beruf und Familie ergangen?

Das ist lange her und war schwierig und das Thema ist leider noch nicht gegessen. Es muss noch viel passieren, damit die Vereinbarkeit von Beruf und Familie einfacher wird. Ich denke ein Betriebskindergarten ist ein wichtiger Schritt, reicht alleine allerdings nicht aus.

Ich habe meinen Sohn während meines Studiums bekommen, die Geburt war zwei Wochen vor meiner letzten Diplomprüfung zum ersten Abschnitt. Für mich war ganz klar, das Kind bedeutet nicht das Ende des Studiums. Dann ging ich drei Jahre in Karenz, ich hatte ja auch gearbeitet und meine Mutter hat mir sehr geholfen, damit ich weiterhin die Uni besuchen konnte. Aber auch dann wieder im Beruf wäre es ohne Unterstützung der Familie nicht gegangen, weil Überstunden und Auslandsreisen zu machen waren oder Projekte, deren Bearbeitung immer wieder mal länger als geplant dauerten.

„Politik kann einem aber nicht persönliche Verantwortung abnehmen und die Entscheidung für oder gegen ein Kind. Ich habe die Verantwortung schon bei mir gesehen und man muss das auch individuell organisieren und managen können."

Gibt es eine Forderung an die Politik, die Erleichterung bringen könnte?

Politik kann einen Rahmen zur Verfügung stellen und das klappt schon gut. Wichtig ist aus meiner Sicht, dass weiter verstärkt darauf geachtet wird, dass Männer und Frauen für gleiche Tätigkeiten dieselbe Entlohnung bekommen. Politik kann einem aber nicht persönliche Verantwortung abnehmen und die Entscheidung für oder gegen ein Kind. Ich habe die Verantwortung schon bei mir gesehen und man muss das auch individuell organisieren und managen können. Politik nimmt einem keinesfalls das persönliche Engagement ab.

Hätten Sie schneller Karriere gemacht, wenn die Vereinbarkeit Beruf und Familie besser gewesen wäre?

Ich bin zufrieden wie es gekommen ist, aber es wäre wahrscheinlich einfacher und schneller gegangen, wenn ich mehr Zeit für´s „Netzwerken" gehabt hätte. Ich konnte nicht nach der Arbeit mit den Kollegen noch zusammensitzen oder auf jede Veranstaltung gehen, da wollte ich lieber bei meinem Kind sein. Es dann in den Stadtwerken noch mal zu schaffen und sich wieder voll einbringen zu können, das ist schon wunderschön (lacht).

Wie wichtig ist Ihnen Networking? Sind Sie da gerne dabei?

Ich bin gerne mal bei Treffen von CIO Kollegen zwecks Erfahrungsaustausch oder bei dem einen oder anderen Event dabei, aber ich bin nicht der Typ, der auf jedem Kirtag tanzen muss. Außerdem muss man dafür schon sehr viel Zeit investieren und die habe ich leider nie ausreichend zur Verfügung.

Wenn Sie auf Ihre Berufsjahre zurückblicken, gibt es etwas, das Sie sehr geprägt hat? Ein Projekt oder eine Sache auf der Ihr Name steht?

Ich habe die heutigen IT-Governance Strukturen im Konzern wesentlich mitgestaltet und den Aufbau der Abteilung Strategische IT geprägt. Ich bin stolz darauf, dass ich trotz Auszeit nach der Babypause noch einmal durchgestartet bin und ich meine heutige Funktion/Tätigkeit ausüben kann.

Wie geht's Ihnen als CIO mit den Social Media Networks? Sind Sie selbst bei Facebook & Co aktiv?

Aus der Sicht der Herausgeberinnen

Wenn Frauen sich trotz ihres beruflichen Erfolges, dazu entschließen, ein Kind zu bekommen, dann beendet die Babypause in der Regel auch die Karriere. Nur wenige Frauen bekommen dann nach der Karenz eine zweite Chance, um ihre Karriere fortzusetzen oder eine neue zu beginnen. Meistens sind diese Chancen im Bereich des öffentlichen oder gemeinwirtschaftlichen Sektors zu finden. Dabei wäre es auch für die Privatwirtschaft von großem betriebswirtschaftlichen Vorteil, die Kompetenzen und Erfahrungen, die gerade Mütter mitbringen, zu nutzen.

Frauen und Netzwerken: ein Klassiker. Denn in der Regel nehmen sich Frauen nicht die Zeit, um zu den notwendigen Treffen und „get-togethers" zu gehen. Ein Teufelskreis, der besonders berufstätige Mütter verstärkt trifft.

Nein, da bin ich nicht dabei, das ist mir zu exponiert. Ich bin beruflich bei Xing und vernetze mich da ein wenig. Natürlich ist „Social Media" ein Thema für den Konzern, auch wenn wir das derzeit noch zu wenig bespielen. Da wird sich in der nächsten Zeit noch einiges tun und wir überlegen, wie wir uns hier positionieren werden.

Welche Botschaft würden Sie gerne noch unseren Leserinnen mitgeben?

„Wartet nicht darauf, dass euch jemand abholt, sondern bringt euch selbst ins Rennen!" und „Ein bisschen Mut ist schon erforderlich, denn wie heißt es so schön „Wer, wagt gewinnt". ■

Ing. Mag. Sabine Lehner, MSc, CIO Wiener Stadtwerke Holding AG

Lehner zeichnet überaus langjährige Erfahrung im IT-Infrastruktur und Applikationsmanagement, sowie in der Entwicklung von IT-Governancestrukturen aus.
Seit 2007 leitet Frau Lehner das CIO-Office der Wiener Stadtwerke Holding AG. In der Funktion des CIO seit September 2009.
Vor den Wiener Stadtwerken war sie als Senior Consultant bei Deloitte & Touche tätig.
Weitere Berufstationen: Von 1995 bis 2000 war Frau Lehner bei IBM Österreich. Gestartet hat sie dort als Key Account Managerin im Small and Medium Business. In weiterer Folge war sie als ERP & SCM Solution Sales Repräsentantin für den Verkauf und in der Beratung von IT-Infrastrukturkonzepten im Rahmen von ERP- und SAP/R3 Implementierungen zuständig, dabei hatte sie die österreichweite Verantwortung für SAP auf iSeries inne.
Frau Lehner studierte an der WU-Wien Betriebswirtschaftslehre mit den Schwerpunkten Bankbetriebslehre und Handel & Marketing. Die certified e-business Managerin (Donauuniversität Krems) absolvierte in den Jahren 2002 bis 2003 erfolgreich den Post Graduate Management Lehrgang „Change Management" an der WU Wien und graduierte 2008 an der Donauuniversität Krems zum Professional MSc für Strategisches Informationsmanagement. ■

Bleibt es wirklich ein Wunsch der Herausgeberinnen?

Barbara Novak & Karoline Simonitsch

Das Internet heute ist in erster Linie ein soziales Netzwerk. Technische Faktoren spielen daher aktuell und auch in Zukunft eine weniger dominante Rolle. Trotzdem ist die Informations- und Kommunikationstechnologie (IKT) als Branche in den meisten Köpfen noch aus „Kabeln“, „Leitungen“ und „Handymasten“ bzw. „Glasfasern“, bestehend wahrgenommen. Doch dieses Bild stimmt schon lange nicht mehr. Die IKT ist bunt und vielfältig. Wiewohl gerade auch Österreich noch viel intensiver in die Infrastruktur des Web insgesamt investieren muss, um den Anschluss an die weltweiten Entwicklungen nicht zu verlieren, so lautet die Kernbotschaft auch: Aufbruch in ein neues Informations- und Kommunikationszeitalter! Mit allem was dazugehört und das sind unter anderem auch die MitarbeiterInnen der Branche – allen voran auch deren Führungskräfte!

Die IKT hat alle Lebensbereiche der Menschen erreicht und unterstützt uns dabei, unseren beruflichen und privaten Alltag zu meistern. Die Kommunikation hat sich durch IKT und vor allem durch die Verbreitung der sozialen Netzwerke insgesamt umfassend verändert und bietet täglich neue Chancen aber auch Herausforderungen. Dadurch wird die Branche ganz besonders dynamisch und spannend und bedarf eines ständigen Dialoges mit den Nutzern, um neue Lösungen zu designen und zu produzieren. Um diese Herausforderungen optimal meistern zu können, benötigt die Branche insgesamt und die jeweiligen IKT-Unternehmen individuell die Kompetenzen und Talente beider Geschlechter. Die Erhöhung des Frauenanteils auf allen Führungsebenen in der IKT Wirtschaft ist daher sowohl aus betriebs- als auch aus volkswirtschaftlicher Sicht eine Überlebensfrage im globalen Wettbewerb der Wirtschaftsstandorte. Die IKT-Branche bietet entlang ihrer breiten Wertschöpfungskette eine Fülle an zukunftsträchtigen Berufsfeldern, wie Produktdesign, Usability, Lösungsarchitektur und dazugehöriges Projektmanagement um nur einige zu nennen, die den Talenten von Frauen sehr entgegenkommen. Durch das Verschmelzen weiblicher und männlicher Stärken in gemischten Teams können Spitzenleistungen entstehen.

Es ist fünf vor zwölf und die Entscheidungsträger Österreichs sind gut beraten, so schnell wie möglich zum Wohle der Wirtschaft und der Frauen insgesamt zu handeln. Wir brauchen weiblichen Nachwuchs in der IKT und um dies zu erreichen, benötigen wir umfassende Veränderungen, beginnend mit Didaktik und Pädagogik. Bereits in den Kindergärten und Schulen muss darauf geachtet werden, dass auf die Bedürfnisse der Mädchen beim Lernen von Naturwissenschaften eingegangen wird. Durch gezielte Öffentlichkeitsarbeit, Kampagnen und Initiativen, die über einen homöopathischen Charakter hinausgehen, sollten Mädchen und Frauen für die Technik fasziniert werden. Durch das Image der Branche werden Frauen derzeit eher noch abgeschreckt. Daher müssen wir schon bei der Gestaltung der Lehrpläne und später bei den Studienplänen die einzelnen Bereiche, nicht ausschließlich mit technischen Begriffen und Inhalten belegen, sondern Anwendungen bzw. praktische Anwendungsfälle veranschaulichen, in den Vordergrund rücken. Naturwissenschaften und Mathematik, sowie Technik insgesamt im wörtlichen Sinn „begreifbar" machen, damit keine Einstiegsbarrieren mehr entstehen.

Frauen in Führungspositionen haben Stärken auf die ein Unternehmen schon aus reinem Selbstzweck heraus nicht verzichten sollte. Frauen agieren in den meisten Fällen umfassender, nachhaltiger und wirtschaftlicher, beziehen dabei die MitarbeiterInnen und Teams mehr ein. So werden Identifikation und Loyalität zum Unternehmen gestärkt und die Bereitschaft, auch in schwierigen Zeiten zusammenzuhalten. Auf dem Weg zur Spitze müssen Frauen allerdings einige Hürden nehmen und manche einen hohen Preis bezahlen. Die Babypause führt immer noch die Liste der Karrierekiller an. Der Anteil der Männer, die in Karenz gehen, ist verschwindend gering. Einerseits liegt das an den Einkommensunterschieden zwischen Männern und Frauen, die im Bereich der Privatwirtschaft sogar bei gleicher Qualifikation und gleichem Job vorhanden sind. Dadurch wird die Entscheidung, wer nach dem Mutterschutz beim Kind zu Hause bleibt, zu einer ökonomischen Frage. Andererseits werden Männer, die den Mut aufbringen in Karenz zu gehen, von der Gesellschaft nicht besonders wohlwollend aufgenommen – eine neue Form der Diskriminierung ist hier entstanden.

Frauen, die in Karenz gehen, müssen gerade in der IKT darauf achten, ihren Berufsweg so bald wie möglich fortzusetzen. Eine längere Abwesenheit ist aufgrund der dynamischen Entwicklung der Branche ein großes Problem. Unternehmen können hier durch spezielle Teilzeitprogramme und Informationsoffensiven für Frauen oder Männer in Karenz einen wichtigen Beitrag zum raschen und problemlosen Wiedereinstieg ermöglichen. Das größte Manko stellt allerdings die geringe Dichte und das suboptimale Angebot an flexibler Kinderbetreuung dar. Gerade für Kinder zwischen 0 und 3 Jahren, im Optimum ab einem Jahr, stehen sehr wenige qualitative Betreuungsplätze zur Verfügung. Der Vereinbarkeitsindex der Arbeiterkammer (VIF), der auch die Kriterien wie Tages- und Wochentagsöffnungszeiten sowie die Schließtage im Jahr beinhaltet, stellt einen vernichtenden Befund aus. Gerade im ländlichen Raum ist eine qualitativ hochwertige Ganztagesbetreuung schwer zu finden. Auch wenn der städtische Raum besser abschneidet, reicht das Angebot nicht aus. Diese Situation ist faktisch schon seit längerem bekannt und deren Lösungsmöglichkeiten durch viele Ländervergleiche mit anderen europäischen Ländern beschrieben.

Trotzdem hat sich keine signifikante Verbesserung ergeben und daher liegt der Schluss nahe, dass wir noch große Herausforderungen vor uns haben. Die, der gesellschaftlichen Veränderung von Rollenbildern. Durch die Medien und Werbung aber auch traditionelle Institutionen werden uns Bilder, Werte und Normen vermittelt, die einem veralteten Frauen- und Gesellschaftsbild entsprechen. Gemeinsam müssen wir wieder verstärkt daran arbeiten, dass Frauen und Männer Mut fassen, sich ihren eigenen Weg zu suchen und das Selbstvertrauen entwickeln können, dass jeder alles machen kann, wozu er oder sie sich berufen fühlt. Sowohl Gesetzgeber als auch Unternehmen können durch Maßnahmen wie Quotenregelungen für Aufsichtsräte oder Initiativen wie einen Corporate Governance Codex zur Gleichberechtigung der Frauen im Management, wertvolle Beiträge leisten und durch konkrete Taten nicht nur von Frauenförderung sprechen, sondern diese auch umsetzen.

Wir wollen Frauen motivieren, Selbstvertrauen zu entwickeln und vermitteln, dass sie in der IKT Branche eine Zukunftsbranche vorfinden, die auch weibliche Talente braucht und will! Frauen können, mit ihren Fähigkeiten und Stärken und mit der ihnen eigenen Affinität, auch komplexe Herausforderungen nicht nur anzugehen, sondern diese auch zu lösen und die Umsetzung voranzubringen, eine große Bereicherung im Top-Management sein. Dabei müssen sie aber noch einiges lernen: z.B. Beförderungen auch einzufordern, dass der Schritt vor den Vorhang erlaubt und notwendig ist, dass es auch Frauen „auf der Bühne“ geben darf und muss. Fakt ist: Wenn Frauen authentisch zu ihren Fähigkeiten stehen und ihr Karriereziel konsequent verfolgen, dann können sie auch ihre Träume und Ziele verwirklichen. Ein Wunsch der Herausgeberinnen? Das wird die Zukunft zeigen – doch wir sind optimistisch. ■